AVENTURAS LITERARIAS

THIRD EDITION

Ana C. Jarvis
Chandler-Gilbert Community College

•

Raquel Lebredo
California Baptist College

•

Francisco Mena-Ayllón
University of California, Riverside

D. C. HEATH AND COMPANY
Lexington, Massachusetts   Toronto

Acquisitions Editor: Denise St. Jean

Developmental Editor: José Blanco

Production Editor: Katherine McCann

Designer: Sally Steele

Production Coordinator: Lisa Arcese

Text Permissions Editor: Margaret Roll

Cover Artwork: Jesús Mario Rebolledo

International Standard Book Number: 0–669–20894–9

Library of Congress Catalog Number: 90-80530

10   9   8   7   6   5   4   3   2   1

PREFACE

Aventuras literarias, Third Edition, is designed to introduce intermediate-level students to the works of key figures in contemporary and classical literature from Spain and Latin America.

The authors of *Aventuras literarias* have ensured that students will successfully approach, explore, and understand the many readings in this diverse collection—over fifty selections in all—by having carefully selected authentic yet accessible short stories, poems, fables, essays, and excerpts from novels and plays. The accompanying activities develop vocabulary and comprehension skills, afford students many opportunities to express their ideas orally and in writing, and enable them to delve confidently into the literary analysis of content and style.

The variety of genres and the accessibility of its numerous selections make *Aventuras literarias* eminently suitable as the main text of a course in literary analysis. Specifically designed to accompany the *¡Continuemos!,* Fourth Edition, the readings in *Aventuras literarias* are organized into twelve lessons that parallel the sequence and structural focus of the twelve lessons in the *¡Continuemos!* review grammar text. This versatile reader may also be used in combination with any other second-year grammar review text to anchor a comprehensive intermediate program that will prepare students for advanced-level courses in literature.

Organization of the Lessons

Each lesson of *Aventuras literarias* includes the following sections:

▲ **An introductory note,** in Spanish, providing biographical information and stylistic background on the author. This material sets the stage for the reading that follows.

▲ **The literary selection.** Each lesson contains between two and eight readings. Selections gradually progress from simpler, shorter readings in the early chapters to more complex, lengthier works in the later chapters. While certain selections have been adapted for ease of comprehension for students, most of the readings have been edited only minimally. Passive vocabulary is glossed in English in the margins.

▲ **Díganos.** These questions measure students' readiness to proceed to the literary analysis of the selection; they may be used to check comprehension, as well as to spark discussions about meaning, plot, and characterization.

▲ **Vocabulario.** Following the readings in each chapter, all of the new active words and expressions appear in a list, organized according to syntactic function.

▲ **Palabras y más palabras.** This activity promotes the development and mastery of active vocabulary items by requiring students to paraphrase and to use synonyms.

▲ **Desde el punto de vista literario.** Here, students are guided through the literary analysis of the selections. Questions focus on stylistic aspects of the readings, such as the use of linguistic and rhetorical devices (irony, metaphor, and so forth), as well as on sociocultural and metaphysical themes, such as the role of women during Lorca's time and the concept of liberty as expressed in Neruda's "Farewell." These thought-provoking questions offer numerous opportunities for discussion, whether conducted in several small groups or in one larger group.

▲ **Composición.** Concluding each lesson, this activity follows up on the themes of the readings with topics for written expression (some of which also lend themselves to oral discussion). Activity formats vary; some **Composiciones** offer students considerable guidance, usually in the form of an outline, whereas others are more open-ended. Students may be asked, for example, to agree/disagree, compare/contrast, or define their own views on a given subject. They will enjoy the personalized aspect of this activity, and benefit from the meaningful, creative use of newly acquired terms and concepts.

Three extremely useful supplementary sections follow the twelve main lessons of *Aventuras literarias*:

▲ **Lecturas suplementarias.** Eleven additional selections are included, consisting of poems, short stories, and essays. These selections, more difficult than those in the main lessons, are accompanied by **Díganos** comprehension questions and can be used as challenging special assignments.

▲ **Apéndice literario.** This essential reference section is a valuable tool for students new to literary analysis in Spanish. It describes fundamental literary genres, highlighting aspects essential for analysis, and defines common literary terms in clear Spanish, with numerous examples. This information will be helpful to students as they explore the selections in this text, and as they continue their studies in advanced-level courses in literature.

▲ **Vocabulario.** This Spanish-English glossary lists all the vocabulary from the readings in a handy reference at the end of the book.

New to the Third Edition

This new edition of *Aventuras literarias* retains all of the popular features of the previous edition, with these exciting changes:

▲ **A ninety-minute audiocassette**, packaged with each copy of the reader and provided free of charge to students, contains those literary selections most suitable for dramatization. Recorded by native Spanish speakers, this audiocassette may be used in or out of class to enhance students' literary appreciation and listening skills.

▲ **Nearly twenty percent of the readings are new**, diversifying this already representative collection with works by Caballero, Mistral, Storni, Ibarbouru, Camba, and others. The new readings were chosen in response to reviewers' requests; well over half the readings in *Aventuras Literarias* are by contemporary writers.

▲ **A revised lesson sequence** parallels that of *¡Continuemos!*, Fourth Edition, providing complete integration of the literary reader with the review grammar text. This offers a practical option for instructors who wish to present the second-year grammatical curriculum in the context of significant Spanish and Latin American literary works.

▲ **Updated exercises** incorporate new literary themes and high-frequency language from the newly-added selections, as well as from the readings retained from the previous edition.

▲ With its rich sampling of works by some of the best Spanish and Latin American writers, *Aventuras literarias* will enhance students' understanding and appreciation of literature as it expands their oral and written language skills. We hope that this reader will inspire students to continue to widen their literary horizons.

The authors would like to thank the following colleagues for their thoughtful comments and suggestions during the preparation of the Third Edition.

Sandra Dixon, West Virginia University
Robert Ellis, Occidental College
Mercedes Jiménez, University of California at Riverside
Victor Leeber, Fairfield University
Frederick Murray, Northern Illinois University

We also extend our sincere appreciation to the following members of the Modern Languages editorial staff of D. C. Heath and Company, College Division: José Blanco, Katherine McCann, Janice Molloy, Gina Russo, and Denise St. Jean.

A. C. J.
R. L.
F. M.

CONTENTS

Capítulo 6

Capítulo 7

Capítulo 8

Capítulo 9

Capítulo 10

ENRIQUE ANDERSON-IMBERT   (Argentina: 1910–   )

Enrique Anderson-Imbert es un distinguido profesor, narrador y crítico. Pertenece a un grupo bastante numeroso de ensayistas y cuentistas hispanoamericanos que viven y enseñan en los Estados Unidos. La siguiente selección es uno de sus deliciosos «minicuentos» de la colección *El gato Cheshire*.

Sala de espera (*Adaptado*)

Costa y Wright roban una casa. Costa asesina a Wright y se queda con° la valija llena de joyas y dinero. Va a la estación para escaparse en el primer tren. En la sala de espera, una señora se sienta a su izquierda y le da° conversación. Fastidiado,° Costa finge con un bostezo que tiene sueño y que va a dormir, pero oye que la señora continúa conversando. Abre entonces los ojos y ve, sentado a la derecha, el fantasma° de Wright. La señora atraviesa° a Costa de lado a lado con la mirada y charla con el fantasma, quien contesta con simpatía.° Cuando llega el tren, Costa trata de levantarse, pero no puede. Está paralizado, mudo y observa atónito° cómo el fantasma toma tranquilamente la valija y camina con la señora hacia el andén, ahora hablando y riéndose. Suben, y el tren parte. Costa los sigue con los ojos. Viene un hombre y comienza a limpiar la sala de espera, que ahora está completamente desierta. Pasa la aspiradora por el asiento donde está Costa, invisible.

se... keeps

engages him in
Annoyed

ghost / transfixes

charm
astonished

Díganos...

1. ¿Qué hacen Costa y Wright y qué pasa después?
2. ¿Para qué va Costa a la estación?
3. ¿Qué sucede en la sala de espera?
4. ¿Con quién conversa la señora?
5. ¿Por qué no puede Costa tomar el tren?
6. ¿Quiénes toman el tren?
7. ¿Qué hace el hombre que viene a limpiar la sala de espera?
8. ¿Es lógico el final de este cuento? ¿Por qué?

MARCO DENEVI   (Argentina: 1922–   )

Marco Denevi está considerado como uno de los mejores cuentistas hispanoamericanos. Algunos de sus cuentos son casi novelas, y otros —los microcuentos— son muy breves. Marco Denevi escribe también novelas, una de las cuales —*Rosaura a las diez*— ganó el premio Kraft en 1955. En 1960, su novela *Ceremonia secreta* ganó el primer premio del concurso organizado por la revista *Life en español*.

Génesis (*Adaptado*)

Con la última guerra atómica, la humanidad y la civilización desaparecen. Toda la tierra es como un desierto calcinado. En cierta región de oriente sobrevive un niño, hijo del piloto de una nave espacial.° El niño come hierbas y duerme en una caverna. Durante mucho tiempo, aturdido° por el horror del desastre, sólo sabe llorar y llamar a su padre. Después, sus recuerdos se oscurecen,° se vuelven arbitrarios y cambiantes° como un sueño, su horror se transforma en un vago miedo. A veces recuerda la figura de su padre, que le sonríe o lo amonesta° o asciende a su nave espacial, envuelta en fuego y en ruido, y se pierde entre las nubes. Entonces, loco de soledad, cae de rodillas° y le ruega que vuelva. Mientras tanto, la tierra se cubre nuevamente de vegetación; las plantas se llenan de flores; los árboles, de frutos. El niño, convertido en un muchacho, comienza a explorar el país. Un día ve un pájaro. Otro día ve un lobo.° Otro día, inesperadamente,° encuentra a una joven de su edad que, lo mismo que él, ha sobrevivido los horrores de la guerra atómica.

—¿Cómo te llamas?— le pregunta.

—Eva, —contesta la joven—. ¿Y tú?

—Adán.

nave... space ship
stunned

become dark / changing

scolds
cae... falls on his knees

wolf / unexpectedly

Díganos...

1. ¿Cómo describe el autor el resultado de la última guerra atómica?
2. ¿Quién es el único sobreviviente y cómo es su vida al principio?
3. ¿Qué recuerdos tiene de su pasado?
4. ¿Qué transformaciones ocurren en la tierra?
5. ¿Qué transformaciones ocurren en el niño?
6. ¿Cómo sabemos que la vida en este mundo va a continuar?

ANA CORTESI-JARVIS   (Paraguay: 1937–   )

Ana Cortesi-Jarvis es autora de varios libros de texto para la enseñanza del español. Ha publicado también varios cuentos y poemas. Reside y enseña en los Estados Unidos.

La señorita Julia

Alberto Aguirre necesita ganar algún dinero para poder asistir a la universidad. Solicita y obtiene un trabajo en casa de la señorita Julia Ocampos, anciana° de ochenta años, que tiene muchísimo dinero y vive sola, con una criada.   *old lady*

El trabajo de Alberto consiste en hacer un inventario completo de todas las posesiones de la señorita Julia.

Un día, Alberto sube a un cuarto pequeño, con cortinas de encaje° blanco y olor a jazmines. Es entonces que nota el cuadro enorme colgado en la pared. Es el retrato de una muchacha de belleza° espléndida, sentada bajo un árbol grande, con margaritas en el regazo.°   *lace* / *beauty* / *lap*

Alberto pasa horas en el cuarto, contemplando el cuadro. Allí trabaja, come, sueña,° vive...   *dreams*

Un día oye los pasos° de la señorita Julia, que viene hacia el cuarto.   *steps*

—¿Quién es? —pregunta Alberto, señalando el cuadro con una mezcla de admiración, respeto y delirio.

—Soy yo... —responde la señorita Julia—, yo a los dieciocho años.

Alberto mira el cuadro y mira a la señorita Julia, alternativamente. En su corazón nace un profundo odio° por la señorita Julia, que es vieja y arrugada° y tiene el pelo blanco.   *hatred* / *wrinkled*

Cada día que pasa, Alberto está más pálido y nervioso. Casi no trabaja. Cada día está más enamorado de la muchacha del cuadro, y cada día odia más a la señorita Julia.

Una noche, cuando está listo para regresar a su casa, oye pasos que vienen hacia el cuarto. Es la señorita Julia.

—Su trabajo está terminado —dice—; no necesita regresar mañana...

Alberto mata a la señorita Julia y pone el cadáver de la anciana a los pies de la muchacha.

Pasan dos días. La criada llama a la policía cuando descubre el cuerpo de la señorita Julia en el cuarto de arriba.

—Estoy segura de que fue un ladrón —solloza° la criada.   *weeps*

—¿Falta algo de valor?° —pregunta uno de los policías mirando a su alrededor.   *value*

La criada tiene una idea. Va a buscar el inventario detallado, escrito por Alberto con su letra pequeña y apretada.° Los dos policías leen el inventario y van por toda la casa y ven que no falta nada.   *minute, tiny*

Regresan al cuarto.

Parados al lado de la ventana con cortinas de encaje blanco y olor a jazmines, leen la descripción del cuadro que tienen frente a ellos: «retrato de una muchacha de belleza espléndida, sentada bajo un árbol grande, con margaritas en el regazo.»

—¡Qué raro! —exclama uno de los policías, frunciendo el ceño.° —Según este inventario, es el retrato de una muchacha, no de una pareja...°

frunciendo...
frowning
couple

Díganos...

1. ¿Qué problema tiene Alberto y cómo lo soluciona?
2. ¿Cómo es el cuarto donde está el cuadro?
3. ¿Cómo es el cuadro que Alberto contempla durante horas?
4. ¿Qué diferencia hay entre la muchacha del cuadro y la señorita Julia que ve Alberto?
5. ¿Qué sentimientos inspira cada una de ellas en Alberto?
6. ¿Por qué mata Alberto a la señorita Julia?
7. ¿Cómo pueden estar seguros los policías de que no falta nada en la casa?
8. ¿Qué diferencia hay entre el cuadro que describe el inventario y el que ven los policías?

VOCABULARIO

NOMBRES

el **árbol** tree
el **bostezo** yawn
el **corazón** heart
la **flor** flower
el **fuego** fire
la **guerra** war
la **hierba** grass
la **joya** jewel
la **letra** handwriting
la **margarita** daisy
el **miedo** fear
la **mirada** look, stare
la **nube** cloud
el **olor** smell
el **pájaro** bird
la **regla** rule
el **retrato** portrait
el **ruido** noise
la **soledad** loneliness
el **sueño** dream
la **tierra** earth

VERBOS

asesinar to murder
burlarse (de) to make fun (of)
colgar (o → ue) to hang
faltar to be missing
fingir to pretend
llorar to cry
matar to kill
nacer to be born
odiar to hate
partir to depart, to leave
sobrevivir to survive
sonreír to smile

ADJETIVOS

mudo(a) mute
raro(a) strange, rare

OTRAS PALABRAS Y EXPRESIONES

pasar la aspiradora to vacuum

Palabras y más palabras

Las palabras nuevas que aparecen en las tres selecciones... ¿forman ya parte de su vocabulario? ¡Vamos a ver!

Dé las palabras equivalentes a lo siguiente.

1. una rosa, por ejemplo
2. extraño
3. irse
4. fotografía
5. nuestro planeta
6. opuesto de *morir*
7. no hay
8. matar con premeditación
9. opuesto de *amar*
10. aroma
11. un pino, por ejemplo
12. que no puede hablar
13. poner un cuadro en la pared
14. opuesto de *reír*
15. flor de pétalos blancos y centro amarillo
16. lo que se hace para limpiar una alfombra
17. terror
18. no morir
19. opuesto de *paz*
20. órgano vital

Desde el punto de vista literario

Comente usted...

1. ¿En qué libro se inspira Marco Denevi para su cuento y cuál es su tema central?
2. ¿Cómo es el ambiente del cuento al principio y cómo cambia?
3. ¿Qué importancia tienen los nombres de los personajes en el cuento «Génesis»?
4. De los cuatro personajes que aparecen en «Sala de espera», ¿cuál(es) considera usted real(es)? ¿Por qué?
5. ¿Desde qué punto de vista está narrado el cuento?
6. ¿Cómo es el final del cuento y qué contraste hay entre el principio y el final?
7. ¿Qué clase de lenguaje usa la autora del cuento «La señorita Julia»? Dé ejemplos.
8. ¿Cuál es el tema del cuento? ¿Hay más de un tema?
9. ¿Cuál cree usted que es el personaje principal del cuento?
10. ¿Qué cambio se ve en el personaje de Alberto Aguirre?
11. ¿Qué importancia adquiere el inventario en el cuento?

12. ¿Qué similaridades ve usted entre los cuentos «La sala de espera» y «La señorita Julia»?

Composición

Use su imaginación y continúe la conversación entre los dos jóvenes que aparecen en el microcuento «Génesis». Escriba por lo menos ocho líneas adicionales.

—¿Cómo te llamas?
—Eva, ¿y tú?
—Adán...

PENSAMIENTOS DE HOMBRES ILUSTRES

Sobre la muerte

La cosa es haber entrado en la vida humana, que el salir no tiene importancia.

Ramón Gómez de la Serna (España: 1888–1963)

¡Qué malos actores somos! La muerte es una pieza que ensayamos[1] todas las noches y no aprendemos nunca.

Enrique José Varona (Cuba: 1849–1933)

---

[1]we rehearse

2

ENRIQUE ANDERSON-IMBERT   (Argentina: 1910–   )

La muerte (El grimorio)

-un libro de conocimiento mágico escrito entre la Alta Edad Media y el siglo XVIII

La automovilista° (negro el vestido, negro el pelo, negros los ojos, la cara pálida) ve en el camino a una muchacha que está haciendo señas para que pare.° Para.

motorist

está... is motioning her to stop

—¿Me llevas? Hasta el pueblo, no más —dice la muchacha.

—Sube —dice la automovilista. Y el auto arranca a toda velocidad° por el camino que bordea la montaña.

a... at full speed

—Muchas gracias —dice la muchacha, con un gracioso mohín°— pero ¿no tienes miedo de levantar por el camino° a personas desconocidas? Pueden hacerte daño. ¡Esto está tan desierto!

charming gesture

levantar... give a ride to

—No, no tengo miedo.

—¿Y si levantas a alguien que te atraca?°

holds you up

—No tengo miedo.

—¿Y si te matan?

—No tengo miedo.

—¿No? permíteme presentarme —dice entonces la muchacha, que tiene los ojos grandes, límpidos, imaginativos. Y, en seguida, conteniendo la risa, finge una voz cavernosa. —Soy la Muerte, la M-u-e-r-t-e.

La automovilista sonríe misteriosamente.

En la próxima curva el auto se desbarranca.° La muchacha queda muerta° entre las piedras. La automovilista sigue y al llegar a un cactus desaparece.

goes over a cliff /
queda... is left dead

Díganos...

1. Describa a la automovilista.
2. ¿A quién encuentra la automovilista en el camino?
3. ¿Hasta dónde quiere ir la muchacha?
4. ¿Qué le pregunta la muchacha a la automovilista?
5. ¿Qué le contesta la automovilista varias veces?
6. ¿Quién dice la muchacha que es ella?
7. ¿Qué sucede al final?
8. ¿Quién es la automovilista?

GERMÁN ARCINIEGAS (Colombia: 1901–)

Germán Arciniegas es uno de los escritores colombianos más distinguidos. Sus brillantes ensayos se centran en la cultura, la sociología, la historia, el arte y la literatura, no solamente de su país, sino de toda Latinoamérica. Su estilo es ligero y ágil y su prosa es una de las mejores en las últimas décadas. Por lo general, sus libros de ensayos son colecciones de artículos de periódicos, como por ejemplo *El estudiante de la mesa redonda* (1932), *América, tierra firme* (1937), *Este pueblo de América* (1945) y *Entre la libertad y el miedo* (1952). Su famosa biografía, *El caballero de El Dorado* (1942), sobre la vida de Gonzalo Jiménez de Quesada, conquistador de Colombia y fundador de Bogotá, es una de las mejores escritas en este continente. Muchos de sus libros han sido traducidos al inglés.

Lecciones de inglés *(Adaptado)*

Un inglés que en algo se estima° se presenta de esta manera: «Soy Mr. John Nielsen, Ene-i-e-ele-ese-e-ene.» Esto es porque en inglés se supone que una palabra se pronuncia de un modo —cosa que no es exacta— pero que en todo caso puede escribirse de mil maneras. Aun el deletreo° puede no ser suficientemente claro, principalmente si se hace por teléfono. En este caso lo más discreto y usual es decir: «Mr. Arciniegas, *A* como en Argentina, *R* como en Rusia, *C* como en Colombia, *I* como en Irlanda... » De esta manera, siendo el idioma de Shakespeare tan conciso, un apellido puede extenderse indefinidamente.

    Para ofrecer al lector un caso práctico, he aquí lo que° ayer me ocurrió. Debía llamar por teléfono al profesor Nielsen, que se pronuncia *Nilson,* y que se deletrea como dejo escrito. En la guía de teléfonos busco su nombre y leo: «Nielsen (si usted no encuentra aquí el nombre que busca, vea Nealson, Neilsen, Neilson, Nilsen o Nilson)». Éstas son todas las maneras que hay para decir *Nilson.*

    Las confusiones no quedan limitadas a los apellidos. Como tesis fundamental usted puede decir que toda palabra inglesa es un jeroglífico. Yo tengo un libro que, en la edición española, se llama *El caballero° de El Dorado.* Aquí, *The Knight of El Dorado.* Pero como en inglés «noche» y «caballero» se pronuncian de un mismo modo, cuando estoy hablando de mi libro nadie sabe si he escrito un nocturno o una obra de caballería.° En la cubierta de este libro aparece la siguiente advertencia: «Germán Arciniegas (se pronuncia *Hair-máhn Ar-seen-yaygus).*» La advertencia es indispensable.

    Pero si el lector quiere saber más sobre los problemas de mi apellido en este país, puedo informarle que un día en el periódico anunciaron una conferencia mía así: «Hoy da una conferencia sobre la América Latina el doctor *Arthur Nagus.*»

    La dificultad del inglés está, de un lado,° en la emisión de los sonidos,

qué en... who has some self-esteem

spelling

he aquí... here's what

knight

chivalry

de... on the one hand

que nosotros no podemos producir como los «*místeres*». Cuando uno se da cuenta de que cada letra de las vocales se pronuncia de cuatro o cinco modos distintos, desfallece.° El esfuerzo° que uno realiza para producir «*eres*» o «*eses*» no sólo causa una gran fatiga a quienes estamos acostumbrados al español, sino que deja en el rostro una impresión de dolor o de gran torpeza.° Yo siempre les doy esta explicación a mis colegas: «Yo no soy bobo; es que no sé inglés.»

    El único consuelo es ver que los místeres tienen, con nuestra lengua, los mismos problemas que nostros tenemos con la suya.

faints / effort

stupidity

Díganos...

1. ¿Qué comentarios hace el autor sobre la manera de pronunciar y escribir el inglés?
2. ¿Qué problemas tiene el autor con la versión inglesa de su obra *El caballero de El Dorado?*
3. ¿Qué dice el autor sobre los problemas de su apellido en los Estados Unidos?
4. ¿Cuál es la mayor dificultad que tiene un hispanohablante cuando trata de hablar inglés?
5. ¿Por qué les explica Arciniegas a sus colegas que él no es bobo?
6. ¿Cuál es el único consuelo que encuentra Arciniegas?

JULIO CAMBA   (España: 1882–1962)

Julio Camba, escritor de estilo satírico y humorístico, publicó numerosos artículos en los cuales da sus impresiones sobre la vida y la cultura de los distintos países que visitó.

El artículo que ofrecemos a continuación pertenece al libro de ensayos *La rana viajera.* Otros libros del autor son *Alemania, Londres, Aventuras de una peseta, Lúculo o el arte de comer, La ciudad automática, Haciendo de república, Mis páginas mejores* y *Millones al horno.*

El tiempo y el espacio (*Adaptado*)

Tengo algo urgente que discutir con un amigo. Por supuesto el amigo dice que hoy no puede ser.

—¿Mañana... ?

—Muy bien. ¿A qué hora?

—A cualquier hora. Después de almorzar, por ejemplo...

Yo digo que eso no es una hora. «Después de almorzar» es algo demasiado vago, demasiado elástico.

—¿A qué hora almuerza usted? —pregunto.

—¿A qué hora almuerzo? Pues a la hora en que almuerza todo el mundo: a la hora de almorzar...

—Pero ¿qué hora es la hora de almorzar para usted? ¿El mediodía? ¿La una de la tarde? ¿Las dos... ?

—Más o menos... —dice mi amigo—. Yo almuerzo de una a dos. A veces no almuerzo hasta las tres... De todos modos a las cuatro siempre estoy libre.

—Entonces, ¿a las cuatro? Mi amigo asiente.

—Claro que, si llego unos minutos tarde —añade—, usted me puede esperar, ¿verdad? Quien dice a las cuatro, dice a las cuatro y cuarto o a las cuatro y media. En fin, de cuatro a cinco yo estoy sin falta en el café.

Yo quiero ser exacto.

—¿A las cinco?

—Muy bien. A las cinco... Es decir, de cinco a cinco y media... Uno no es un tren, ¡qué diablo!

—Pues podemos decir las cinco y media —propongo yo.

Entonces mi amigo tiene una idea brillante.

—¿Por qué no decimos a la hora del aperitivo? —sugiere.

Seguimos discutiendo para fijar en términos de reloj la hora del aperitivo. Finalmente, quedamos en reunirnos de siete a ocho. Al día siguiente dan las ocho,° y, claro está, mi amigo no viene. Llega a las ocho y media echando el bofe° y no me encuentra.

—No es justo —exclama días después al encontrarnos en la calle—. Me hace usted fijar una hora, me hace usted correr, y no me espera ni diez minutos. Yo llego a las ocho y media en punto, y usted no está esperándome.

dan... *the clock strikes eight*

echando... *out of breath*

Y lo más curioso es que la indignación de mi amigo es auténtica. Para él, la puntualidad es algo completamente absurdo. Lo lógico, para él, es llegar media hora, tres cuartos de hora, o una hora después.

Pero —digo yo— una cita es una cosa que tiene que estar tan limitada en el tiempo como en el espacio. ¿Qué pasa si tenemos una cita en la Puerta del Sol y yo voy a los Cuatro Caminos? Pues eso digo yo de usted cuando tenemos una cita a las ocho, y usted no llega hasta las ocho y media. De despreciar° el tiempo, podemos despreciar también el espacio. Y de respetar el espacio, ¿por qué no considerar también el tiempo?

de... if we scorn

—Pero con esa precisión, con esa exactitud,° la vida es imposible —opina mi amigo.

accuracy

—¿Cómo explicarle que esa exactitud y esa precisión sirven, al contrario, para simplificar la vida? ¿Cómo convencerle de que, llegando puntualmente a las citas uno ahorra mucho tiempo para hacer otras cosas?

Imposible. Los españoles no llegan puntualmente a las citas, no por considerar que el tiempo es una cosa preciosa, sino al contrario, porque el tiempo no tiene importancia para nadie en España. No somos superiores, somos inferiores al tiempo. No estamos por encima, sino por debajo, de la puntualidad.

Díganos...

1. ¿Por qué dice el autor que «después de almorzar» es algo demasiado elástico?
2. ¿Tiene el amigo del autor una hora exacta para almorzar?
3. ¿A qué hora dice el señor que va a estar en el café «sin falta»?
4. ¿Qué sucede al día siguiente a las ocho?
5. ¿Qué piensa el amigo del autor sobre la puntualidad?
6. ¿Qué dice el autor sobre las citas?
7. ¿Por qué es una buena idea acudir puntualmente a una cita?
8. El español no es puntual. ¿Por qué?

VOCABULARIO

NOMBRES

la **advertencia** warning
la **conferencia** lecture
la **cubierta** cover (*i.e., of a book*)
la **explicación** explanation
la **guía de teléfonos** telephone book
el **modo** way
la **muerte** death
la **piedra** rock, stone

el **pueblo** town
la **risa** laughter
el **sonido** sound
la **voz** voice

VERBOS

arrancar to start (*i.e., a car*)
asentir (e → ie) to agree
citar to make an appointment (with)

convertir(se) (en) (e → ie)   to turn
    into
deletrear   to spell
matar   to kill
opinar   to give an opinion
presentarse   to introduce oneself

ADJETIVOS

bobo(a)   dumb, stupid

OTRAS PALABRAS Y EXPRESIONES

debajo (de)   under, beneath
encima (de)   on top of, above, on
en fin...   well . . .
es decir   that is to say
hacer daño   to hurt
¡qué diablo!   what the heck!
quedar en   to agree on
sin falta   without fail

Palabras y más palabras

Las palabras nuevas que aparecen en las tres selecciones... ¿forman ya parte de su vocabulario? ¡Vamos a ver!

Dé las palabras equivalentes a lo siguiente.

1. parte exterior de un libro
2. dar una opinión
3. libro en el que aparecen números de teléfono
4. estúpido
5. manera
6. opuesto de *vida*
7. opuesto de *encima*
8. hacer una cita
9. decir que sí
10. ¡qué caramba!
11. quitarle la vida a alguien
12. transformarse
13. decir las letras que forman una palabra
14. seguramente
15. decir quién es uno
16. lastimar
17. clarificación
18. acordar
19. charla informativa
20. acción de advertir

Desde el punto de vista literario

Comente usted...

1. ¿Cómo describe Anderson-Imbert el lugar donde se desarrolla el cuento «La muerte»?
2. ¿Tiene el cuento un final inesperado? ¿Por qué?
3. ¿Cuál es el tono que usa Germán Arciniegas en su artículo «Lecciones de inglés»?

4. ¿Cuál es el tema del artículo?
5. ¿Qué usa Julio Camba para presentar a sus personajes sin describirlos?
6. ¿Ve usted un poco de caricatura en la presentación del amigo de Camba?
7. ¿De qué manera usan Arciniegas y Camba la exageración para dar énfasis al tema de sus artículos? Dé ejemplos.
8. ¿Qué diferencia hay entre el lenguaje que usa Anderson-Imbert y el que usan los dos otros autores?

Composición

Escriba una breve composición sobre el tema de la puntualidad. Analice los siguientes aspectos.

1. ¿Qué ventajas o desventajas tiene ser puntual?
2. ¿Qué diferencias hay con respecto al concepto de la puntualidad entre los Estados Unidos y los países hispanos?
3. ¿Cúal es su opinión personal sobre la puntualidad? Dé ejemplos específicos para apoyar sus ideas.

PENSAMIENTOS DE HOMBRES ILUSTRES

Sobre la convivencia

El respeto al derecho ajeno[1] es la paz.

Benito Juárez (México: 1806–1872)

Si te sientes muy solo, busca la compañía de otras almas y frecuéntalas. Pero no olvides que cada alma está especialmente construida para la soledad.

Juan José Arreola (México: 1918–)

---

[1]**derecho**... other people's rights

3

△ NELLIE CAMPOBELLO   (México: 1913–   )

La originalidad de esta escritora de la Revolución Mexicana consiste en presentar una visión infantil de las dramáticas y crueles luchas entre las tropas de Villa y Carranza, que ella contempló en su niñez.

Sus novelas están formadas por pequeños cuadros o retratos que en conjunto constituyen un gran mural de la Revolución Mexicana. Cada narración es como un fresco alegórico narrado como lo haría un niño, con pocos adjetivos y enfatizando los verbos y sustantivos.

Entre sus novelas principales se encuentran *Cartucho, Las manos de mamá* y *Apuntes sobre la vida militar de Francisco Villa.*

Nacha Ceniceros *(Adaptado)*

Junto a Chihuahua, un gran campamento villista. Todo está quieto y Nacha llora. Estaba enamorada de un muchacho coronel, de apellido Gallardo, de Durango. Ella era coronela y usaba pistola y tenía trenzas.° Había estado llorando al recibir consejos de una soldadera[1] vieja. Se puso en su tienda a limpiar su pistola; estaba muy entretenida cuando se le salió un tiro.

braids

En otra tienda estaba sentado Gallardo junto a una mesa y platicaba con una mujer; el balazo que se le salió a Nacha en su tienda lo recibió Gallardo en la cabeza y cayó muerto.

—Han matado a Gallardo, mi general.

Villa dijo despavorido:°

horrified

—Fusílenlo.°

Shoot him

—Fue una mujer, general.

—Fusílenla.

—Nacha Ceniceros.

—Fusílenla.

Lloró al amado,° se puso los brazos sobre la cara, se le quedaron las trenzas negras colgadas° y recibió la descarga.°

beloved

hanging / volley

Hacía una bella figura, inolvidable para todos los que vieron el fusilamiento.

Hoy existe un hormiguero° en donde dicen que está enterrada.

anthill

(De la novela *Cartucho*)

---

[1]Mujer que acompañaba a las tropas de campamento a campamento.

Díganos...

1. ¿Qué sabemos de Nacha Ceniceros y dónde está?
2. ¿Qué pasó cuando Nacha se puso a limpiar su pistola?
3. ¿Dónde estaba Gallardo y qué le pasó?
4. ¿Qué ordena el general Villa?
5. Describa el fusilamiento de Nacha Ceniceros.
6. ¿Qué hay hoy donde enterraron a Nacha?

FERNÁN CABALLERO (España: 1796–1877)

A Fernán Caballero, cuyo verdadero nombre era Cecilia Böhl de Faber, corresponde la gloria de haber iniciado el realismo en España y de haber señalado el camino para el renacimiento de la novela en su país. Su idea de lo que debe ser una novela queda expresada al decir: «La novela no se inventa; se observa.» Su obra es el resultado de la fusión de dos elementos románticos: lo sentimental y el costumbrismo. Lo único nuevo en ella es la técnica realista. Su primera novela, y quizás la mejor de todas, fue *La gaviota*.

Los cuentos de Fernán Caballero tienen una temática muy variada, que va desde la exquisita espiritualidad poética hasta lo vulgar. Siente especial predilección por el relato de tipo moral y su estilo es sencillo y natural. Sus cuentos fueron publicados en la colección que lleva el título de *Cuadros de costumbres andaluzas*.

Los deseos (*Adaptado*)

Había un matrimonio anciano,° que aunque pobre, toda su vida la había pasado muy bien trabajando y cuidando de su pequeña hacienda.° Una noche de invierno estaban sentados marido y mujer junto al fuego, y en lugar de darle gracias a Dios por el bien y la paz de que disfrutaban,° estaban enumerando los bienes que tenían otros y que ellos deseaban poseer también.

—¡Si yo tuviera el rancho del tío Polainas! —decía el viejo.

—¡Y si yo —añadía su mujer— tuviera la casa de nuestra vecina, que es más nueva que la nuestra!

—¡Si yo —continuaba el viejo— en lugar de la burra, tuviera el mulo del tío Polainas!

—¡Si yo, —añadió la mujer— pudiera matar un puerco de doscientas libras como la vecina! Esa gente para tener las cosas, sólo necesita desearlas. ¡Quién tuviera la dicha° de ver cumplidos sus deseos!

Apenas° dijo estas palabras, vieron que bajaba por la chimenea una mujer hermosísima; era pequeña, y traía como una reina, una corona° de oro en la cabeza y tenía un cetro° chiquito de oro en la mano.

—Soy el hada° Fortunata —les dijo—; pasaba por aquí y oí vuestras quejas. Vengo a concederos° tres deseos°: uno a ti —le dijo a la mujer—; otro a ti —le dijo al marido—, y el tercero para los dos; éste último lo otorgaré mañana a esta misma hora. Hasta entonces tenéis tiempo de pensar cuál será.

Después de decir esto, desapareció.

Imagínense ustedes la alegría del buen matrimonio y la cantidad de deseos en que pensaron. Fueron tantos, que no pudiendo decidir, dejaron la elección definitiva para la mañana siguiente, y toda la noche para consultarla con la almohada,° y se pusieron a conversar de otras cosas.

Empezaron a hablar otra vez sobre sus afortunados vecinos.

—Hoy estuve allí; estaban haciendo las morcillas° —dijo el marido—; ¡pero qué morcillas! ¡Eran magníficas!

older

property

they enjoyed

happiness
barely
crown
wand
fairy
grant you / wishes

consultar con...
sleep on it

blood sausages

—¡Quién tuviera una de ellas aquí para comerla —dijo la mujer. Inmediatamente apareció sobre las brasas° la morcilla más hermosa que hubo, hay y habrá en el mundo.

La mujer se quedó mirándola con la boca abierta. Pero el marido se levantó desesperado, y dando vueltas° por el cuarto, se arrancaba el cabello, diciendo:

—Por ti, que eres tan comilona,° se ha desperdiciado uno de los deseos. Mire Ud, señor, ¡qué mujer tan tonta! Esto es para desesperarse. ¡Ojalá se te pegara° la morcilla en la nariz!

Al terminar de decirlo ya estaba la morcilla colgando del sitio indicado.

Ahora le tocó asombrarse° al viejo y desesperarse a la vieja.

¡Mira lo que hiciste! —exclamaba la mujer tratando de arrancarse° la morcilla. —Desde ahora, nada desearé, sino que se me quite la morcilla de la nariz.

—Mujer, por Dios; ¿y el rancho?

—Nada.

—Mujer, por Dios; ¿y la casa?

—Nada.

—Desearemos una mina, hija, y te haré una funda de oro para la morcilla.

—Ni lo pienses.

—Pues qué, ¿nos vamos a quedar como estábamos?

—Ése es todo mi deseo.

El marido siguió rogando, pero no convenció a su mujer, que estaba cada vez más desesperada por su doble nariz y tratando de apartar° al perro y al gato que querían comerse la morcilla.

Cuando a la noche siguiente apareció el hada y le dijeron cuál era su último deseo, les dijo:

—Ya veis cuán ciegos y necios° son los hombres creyendo que la satisfacción de sus deseos los hará felices. No está la felicidad en el cumplimiento° de los deseos, sino que está en no tenerlos; que rico es el que posee, pero feliz el que nada desea.

coals

dando... walking around

glutton

would glue

to be astonished

to pull out

to push away

stupid
realization

Díganos...

1. ¿Qué hacía el matrimonio mientras estaba sentado junto al fuego?
2. ¿Qué le envidiaba el marido al tío Polainas?
3. ¿Qué le envidiaba la mujer a su vecina?
4. ¿Quién bajó por la chimenea y cómo era?
5. ¿Por qué no decidió el matrimonio inmediatamente lo que deseaba pedirle al hada?
6. ¿Cómo desperdició la mujer el primer deseo?
7. ¿Por qué perdieron el segundo deseo?
8. ¿Qué querían hacer el perro y el gato?
9. ¿Cómo se sentía la mujer?
10. ¿Cuál fue el tercer deseo del matrimonio?

ROSA MONTERO (España: 1951–)

Rosa Montero nació en Madrid, y en la Universidad de esta ciudad hizo sus estudios de sicología y periodismo. En 1969 empieza a trabajar como periodista en publicaciones tan importantes como *Arriba, Pueblo* y *Mundo Diario*. Al mismo tiempo, colabora en programas de televisión y trabaja como actriz de teatro. En la actualidad es «redactora jefa» de la revista dominical del diario *El País*.

En el año 1978 ganó el premio «Mundo», concedido por el Círculo de Escritores Cinematográficos por su labor como guionista de cine; y en 1980, el premio «Nacional» de periodismo.

Además de sus reportajes, guiones y entrevistas, es autora de dos novelas: *Crónica del desamor* y *La función Delta*. Su estilo sobresale por su brevedad, plasticidad e ironía, lo que hace que sus cuentos y novelas sean fáciles de llevar al cine.

El arrebato° (*Adaptado*)

rage

Las nueve menos cuarto de la mañana. Semáforo en rojo, un rojo inconfundible.° Las nueve menos trece, hoy no llego. Embotellamiento de tráfico. Doscientos mil coches junto al tuyo. Tienes la mandíbula tan tensa que entre los dientes aún está el sabor del café del desayuno. Miras al vecino. Está intolerablemente cerca. La chapa de su coche casi roza° la tuya. Verde. Avanza, imbécil. ¿Qué hacen? No arrancan. No se mueven, los estúpidos. Están paseando, con la inmensa urgencia que tú tienes. Doscientos mil coches que salieron a pasear a la misma hora solamente para fastidiarte. ¡Rojjjjjo! ¡Rojo de nuevo! No es posible. Las nueve menos diez. Hoy desde luego que no llego-o-o-o (gemido° desolado). El vecino te mira con odio. Probablemente piensa que tú tienes la culpa de no haber pasado el semáforo (cuando es obvio que los culpables° son los idiotas de delante). Tienes una premonición de catástrofe y derrota.° Hoy no llego. Por el espejo ves cómo se acerca un chico en una motocicleta, zigzagueando entre los coches. Su facilidad te causa indignación, su libertad te irrita. Mueves el coche unos centímetros hacia el del vecino, y ves que el transgresor está bloqueado, que ya no puede avanzar. ¡Me alegro! Alguien pita° por detrás. Das un salto, casi arrancas. De pronto ves que el semáforo sigue aún en rojo. ¿Qué quieres, que salga con la luz roja, imbécil? Te vuelves° en el asiento, y ves a los conductores a través de la contaminación y el polvo° que cubre los cristales de tu coche. Los insultas. Ellos te miran con odio asesino. De pronto, la luz se pone verde y los de atrás pitan desesperadamente. Con todo ese ruido reaccionas, tomas el volante, al fin arrancas. Las nueve menos cinco. Unos metros más allá la calle es mucho más estrecha; sólo cabrá un coche. Miras al vecino con odio.

unmistakable

rubs

moan

guilty

defeat

honks

turn around
dust

Aceleras. Él también. Comprendes de pronto que llegar antes que el otro es el objeto principal de tu existencia. Avanzas unos centímetros. Entonces, el otro coche te pasa victorioso. Corre, corre, gritas, fingiendo gran desprecio:° *scorn* ¿a dónde vas, idiota?, tanta prisa para adelantarme sólo un metro... Pero la derrota duele. A lo lejos ves una figura negra, una vieja que cruza la calle lentamente. Casi la atropellas. «Cuidado, abuela», gritas por la ventanilla; estas viejas son un peligro, un peligro. Ya estás llegando a tu destino, y no hay posibilidades de aparcar. De pronto descubres un par de metros libres, un pedacito de ciudad sin coche: frenas, el corazón te late apresuradamente.° *beats fast* Los conductores de detrás comienzan a tocar la bocina:° no me muevo. Tratas *to honk* de estacionar, pero los vehículos que te siguen no te lo permiten. Tú miras con angustia el espacio libre, ese pedazo de paraíso tan cercano y, sin embargo, inalcanzable.° De pronto, uno de los coches para y espera a que tú aparques. *unreachable* Tratas de retroceder, pero la calle es angosta y la cosa está difícil. El vecino da marcha atrás para ayudarte, aunque casi no puede moverse porque los otros coches están demasiado cerca. Al fin aparcas. Sales del coche, cierras la puerta. Sientes una alegría infinita, por haber cruzado la ciudad enemiga, por haber conseguido un lugar para tu coche; pero fundamentalmente, sientes enorme gratitud hacia el anónimo vecino que se detuvo y te permitió aparcar. Caminas rápidamente para alcanzar al generoso conductor, y darle las gracias. Llegas a su coche, es un hombre de unos cincuenta años, de mirada melancólica. Muchas gracias, le dices en tono exaltado. El otro se sobresalta,° y te *se... jumps* mira sorprendido. Muchas gracias, insistes; soy el del coche azul, el que estacionó. El otro palidece,° y al fin contesta nerviosamente: «Pero, ¿qué *becomes pale* quería usted? ¡No podía pasar por encima de los coches! No podía dar más marcha atrás». Tú no comprendes. «¡Gracias, gracias!» piensas. Al fin murmuras: «Le estoy dando las gracias de verdad, de verdad...» El hombre se pasa la mano por la cara, y dice: «es que... este tráfico, estos nervios...» Sigues tu camino, sorprendido, pensando con filosófica tristeza, con genuino asombro:° ¿Por qué es tan agresiva la gente? ¡No lo entiendo! *amazement*

(*El País*, Madrid)

Díganos...

1. ¿Cómo describe la autora el embotellamiento de tráfico?
2. ¿Qué piensa la autora mientras espera la luz verde?
3. ¿Por qué envidia al chico que va en la motocicleta?
4. ¿Qué pasa cuando la autora y otro conductor llegan a una calle estrecha al mismo tiempo?
5. ¿Cómo reacciona la autora cuando el otro coche le pasa, victorioso?
6. ¿Qué dice sobre le vieja que cruza la calle?
7. ¿Qué pasa cuando descubre un espacio para estacionar?
8. ¿Cómo reacciona el hombre cuando ella le da las gracias? ¿Por qué?

VOCABULARIO

NOMBRES

el **apellido**   surname
el **balazo**   shot
la **cantidad**   quantity
el (la) **conductor(a)**   driver
el **consejo**   advice
la **chapa**   license plate
el **embotellamiento de tráfico**
          traffic jam
la **libra**   pound
el **marido**   husband
el **matrimonio**   married couple
la **mujer**   wife
el **odio**   hatred
el **pedazo**   piece
el **peligro**   danger
la **queja**   complaint
el **semáforo**   traffic light
el **tiro**   shot
el (la) **vecino(a)**   neighbour
el **volante**   steering wheel

VERBOS

añadir   to add
aparcar, estacionar   to park

atropellar   to run over
cruzar   to cross, to go across
cuidar   to take care of
dar marcha atrás   to back up
desperdiciar   to waste
enterrar (e, ie)   to bury
evitar   to avoid
frenar   to brake
jurar   to swear
platicar   to talk

ADJETIVOS

estrecho(a), angosto(a)   narrow
inolvidable   unforgettable
quieto(a)   still

OTRAS PALABRAS Y EXPRESIONES

en lugar de   instead of
estar enamorado de   to be in love
          with
junto a   next to
ponerse a + (infinitivo)   to start
   (doing something)

Palabras y más palabras

Las palabras nuevas que aparecen en las tres selecciones... ¿forman ya parte de su vocabulario? ¡Vamos a ver!

Complete las siguientes oraciones, usando las palabras del vocabulario.

1. Al dar marcha atrás, el _____ del coche casi _____ a una señora.
2. El número de la _____ de mi coche es ZBT 523.
3. A las siete de la mañana es difícil conducir porque siempre hay _____.
4. Quiero comer un _____ de queso.
5. Las luces del _____ son roja, amarilla y verde.
6. El _____ es lo opuesto del *amor*.
7. Ana es mi _____. Vive al lado de mi casa.
8. Es muy difícil _____ en el centro de Nueva York.
9. Con la luz verde podemos _____ la calle.
10. Un sinónimo de *estrecho* es _____.
11. Cuando la luz está roja, debes _____ para evitar un accidente.
12. Es un _____ manejar borracho.

13. Hay dieciséis onzas en una _____.
14. Estoy enamorada de un muchacho peruano. Se llama Carlos y su _____ es Rodríguez.
15. Siempre se queja porque tiene que _____ a los niños.
16. Murió ayer y lo van a _____ mañana.
17. En _____ de salir con Pedro, voy a salir contigo.
18. La guía de teléfonos está _____ al teléfono.
19. El _____ extrañaba mucho a su mujer.
20. ¿Qué _____ de azúcar necesito para esta receta?

Desde el punto de vista literario

Comente usted...

1. ¿Cómo es el estilo literario que usa Nellie Campobello?
2. ¿Cómo presenta la autora el tema de la envidia en el cuento *Los tres deseos*?
3. ¿Cuál es la moraleja del cuento de Fernán Caballero?
4. ¿Cuál es el tema principal del artículo «El arrebato»?
5. ¿De qué modo nos hace la autora «participar» en la narración? Dé ejemplos.
6. ¿Qué clase de lenguaje usa la autora? Dé ejemplos.
7. ¿Por qué cree usted que la autora escribe este artículo con frases y oraciones muy cortas y sin ninguna separación de párrafos?
8. ¿Cree usted que hay ironía en el final del artículo? ¿Por qué?

Composición

Imagínese usted que, al igual que la autora de «El arrebato» usted debe llegar a algún sitio a una hora determinada y se encuentra con un embotellamiento de tráfico.

Termine lo siguiente.

Eran las siete y media cuando salí de casa y a las ocho tenía que estar en...

PENSAMIENTOS DE HOMBRES ILUSTRES

Sobre la educación

Ser culto es el único modo de ser libre.

José Martí (Cuba: 1853–1898)

Instruir puede cualquiera; educar, sólo quien sea un evangelio vivo.

José de la Luz y Caballero (Cuba: 1800–1862)

El hombre que tenía dos esposas

(Fábula)

Antiguamente,° cuando los hombres podían tener muchas esposas, cierto hombre de edad mediana tenía una esposa vieja y una esposa joven. Cada cual° lo quería mucho y deseaba verlo con la apariencia de un compañero adecuado para ella.

    El cabello° del hombre se estaba poniendo gris,° cosa° que no le gustaba a la esposa joven porque lo hacía ver demasiado viejo para ser su esposo. Así pues,° ella lo peinaba y le arrancaba° las canas todas la noches.

    En cambio, la esposa vieja veía encanecer° a su esposo con gran placer, porque no quería parecer° su madre. Así pues, todas la mañanas lo peinaba, arrancándole todos los pelos negros que podía. El resultado fue que pronto el hombre se encontró completamente calvo.

    Moraleja: «Entrégate a todos y pronto estarás sin nada que entregar.»

In the old days

Cada... *Each one*

hair / **poniendo...**
turning gray /
something
thus / *pulled out*
turn gray

to look like

Díganos...

1. ¿Cuántas esposas tenía el hombre y cómo eran?
2. ¿Qué deseaba cada esposa?
3. ¿Qué le estaba pasando al pelo del hombre?
4. ¿Por qué no le gustaba esto a la esposa joven?
5. ¿Por qué le gustaba esto a la esposa vieja?
6. ¿Qué hacía la esposa joven todas las noches?
7. ¿Qué hacía la esposa vieja todas las mañanas?
8. ¿Cuál fue el resultado?

PABLO DE LA TORRIENTE BRAU (Puerto Rico: 1901–1936)

Aunque la obra narrativa de Pablo de la Torriente Brau tuvo un éxito desigual, se ven ella los comienzos de un cuentista verdaderamente brillante. Sus escritos son ágiles, líricos a veces, y generalmente revelan un sano sentido del humor.

Publicó once de sus narraciones en el libro *Batey*. En 1940 se publicó su novela titulada *Historia del soldado desconocido cubano*.

Último acto (*Adaptado*)

En el patio, entre las palmas, el hombre esperaba. La noche negra y silenciosa lo cubría todo. Su traje de *overall* azul obscuro lo convertía en sombra.° Sus — shadow
brazos poderosos,° manchados por la grasa, casi no se veían. Estaba inmóvil. — powerful
Esperaba.

Aquél era su patio y aquélla era su casa, pero en la medianoche llena de frío él esperaba. Dentro del bolsillo,° su mano ruda de hombre de las máquinas — pocket
estrujaba° el papel, encontrado sobre una mesa de la oficina hacía apenas — squeezed
una hora, cuando fue a hablar con el Ingeniero Jefe. Había visto una carta
dirigida° a su mujer, abandonada sobre la mesa, la había cogido y ahora — addressed
estaba detrás de la palma, a la hora de la cita trágica. El papel decía: «Esta
noche está de guardia° en la casa de máquinas tu marido y a las doce iré a — on duty
verte... » Era el Administrador quien lo firmaba. Él sólo había tenido tiempo
para correr a su casa y esconderse en el fondo del patio. Todavía estaba lleno
de sorpresa, de rabia y de humillación.

Poco antes de las doce apareció el otro. Con cuidados infinitos saltó la
cerca. Estuvo un rato escuchando los rumores de la noche, el estruendo de
su corazón precipitado... (Desde detrás de la palma los ojos que lo espiaban
llegaron a esta conclusión: «Es un cobarde... ») Fue avanzando con cuidado
y llegó hasta la misma palma... Es extraño, pero no percibió al enemigo, y
sin embargo, sólo la palma los separaba.

Fue todo muy rápido, eléctrico. La mano del hombre de las máquinas
apretó su garganta,° dejándole instantáneamente sin sentido. El hombre de — throat
las máquinas, rudo y violento, no tuvo la paciencia que se había propuesto
y ahora estaba a su lado, contemplando su mano llena de sangre. Así estuvo
un rato inmóvil, cuando pensó: «Si no pude hablar con él, voy a hablar con
ella». Se dirigió° hacia la casa. Iba con la silenciosa e invisible velocidad de — went toward
un gato negro.

Cerca de la puerta, se detuvo. Un raro miedo lo paralizaba. Por un
momento sintió la extraña emoción perturbadora° de que él era en realidad — disturbing
el amante,° que era a él a quien ella esperaba. — lover

Pero llegó a la puerta. Se puso a escuchar y no se oía nada. Hizo una
suave presión° sobre la puerta, pensando: «¡Lo esperaba!...» y la rabia le hizo — pressure
abrir la puerta de un golpe...

Pero, antes de poder entrar, sintió el balazo° y la voz de ella que decía: «Canalla,° te lo dije... »

A su «¡Ah!» de dolor y de sorpresa siguió el silencio. Luego, cuando encendió la luz, él vio su cara llena de un dolor infinito. Estaba arrodillada a su lado y decía: «¿Por qué, por qué?... » sin comprender nada todavía... Pero su rostro° comenzaba a ser alegre, alegre, como la cara de un niño que mejora.°

Más que el disparo, la angustia° de la voz le disipaba todas las sospechas.° Avergonzado y feliz le dio el papel, sin decir una palabra. Y ella lo vio y le gritó: «¿Pero lo leíste todo? ¿Viste lo mío, lo que le contesté?» Y, desdoblando° el papel le dijo: «Mira, mira...»

El hombre leyó el papel que decía, con la letra de ella: «Canalla, si se atreve a venir, lo mato.»

Y la cara del hombre se iba poniendo cada vez más pálida, pero cada vez era más alegre su sonrisa bajo el llanto inconsolable de la mujer arrodillada...

shot
scoundrel

face
improves
anguish / suspicions

unfolding

Díganos...

1. ¿Dónde esperaba el hombre?
2. ¿Qué tenía dentro del bolsillo?
3. ¿Qué fue a hacer a la oficina del Ingeniero Jefe?
4. ¿Qué es lo que vio encima de la mesa?
5. ¿Qué decía el papel?
6. ¿Qué le hizo el hombre al Ingeniero Jefe?
7. ¿Cómo caminaba el hombre hacia la casa?
8. ¿Qué es lo que siente cuando está en la puerta?
9. ¿De qué manera entra en la casa?
10. ¿Sabía la mujer que era su esposo el que entró en la casa?
11. ¿Qué le dice la mujer al arrodillarse a su lado?
12. ¿Qué le contestó la mujer al Ingeniero Jefe en la nota?

MARIANO JOSÉ DE LARRA   (España: 1809–1837)

Mariano José de Larra fue un destacado periodista, crítico y escritor costumbrista del período romántico. Vivió toda su vida en Madrid, y escribió bajo varios seudónimos; el más conocido de ellos es el de «Fígaro». En sus artículos retrata la vida del Madrid de su época y critica las costumbres de los españoles. Su prosa es limpia y clara, y al leerla tenemos la sensación de estar en contacto con la vida misma. Su estilo es satírico y mordaz.[1]

El castellano viejo (*Adaptado*)

Andaba días pasados buscando materiales para mis artículos, cuando sentí una horrible palmada° que una gran mano, pegada° a un grandísimo brazo, vino a descargar° sobre mi espalda.

slap / glued
unload

No queriendo dar a entender que desconocía este enérgico modo de anunciarse que me dejó torcido° para todo el día, traté de volverme para saber quién era el que me trataba tan mal; pero mi castellano viejo siguió dándome pruebas de amistad y cariño,° cubriéndome los ojos con las manos y sujetándome por detrás.

crooked

affection

—¿Quién soy? —gritaba, alborozado.°

exhilarated

—Un animal —iba a responderle; pero entonces me acordé de quién podría ser. —Eres Braulio— le dije.

—Amigo, ¡cuánto me alegro de verte! ¿Sabes que mañana es el día de mi santo?

—Felicidades —le digo.

—Déjate de cumplimientos entre nosotros; ya sabes que yo soy franco y castellano viejo: al pan, pan y al vino, vino. Estás invitado a comer conmigo.

—No es posible.

—No hay remedio.°

choice

—No puedo —insisto.

—Naturalmente... como no soy el duque de F. ni el conde° de P....

count

—No es eso.

—Pues si no es eso, te espero a las dos; en casa nos gusta comer a la española, temprano. Tengo mucha gente. Vienen el famoso X., que va a improvisar unos versos, y T. va a cantar con su gracia natural.

Esto me consoló un poco y acepté, pensando que un día malo lo pasa cualquiera; en este mundo, para conservar amigos, es necesario aceptar sus favores.

—Tienes que venir, si quieres seguir siendo mi amigo.

---

[1]biting

—Sí, iré —dije con voz débil y ánimo decaído.°   *depressed*

Llegaron las dos del día siguiente, y como yo conocía bien a mi amigo Braulio, no me pareció necesario vestirme muy elegante para ir a comer. Saqué mi frac° y me lo puse. Me vestí, sobre todo, lo más despacio posible.   *dress coat*

No quiero hablar de las visitas que antes de la hora de comer entraron y salieron en aquella casa; gente cuya conversación se limitaba a comentar que el tiempo iba a cambiar y que en invierno generalmente hace más frío que en verano. A las cuatro, nos quedamos solos los invitados. Desgraciadamente para mí, ni X. ni T., que debían divertirnos tanto, aparecieron. Eran las cinco cuando nos sentamos a comer.

—Señores —dijo Braulio— en mi casa no se usan cumplimientos. ¡Ah, Fígaro! Tú no estás cómodo. ¿Por qué no te quitas el frac? Así no te lo manchas...

—No lo voy a manchar —respondí, mordiéndome los labios.

—No importa; te daré una chaqueta mía.

—No hay necesidad...

—¡Sí, sí, mi chaqueta! A ver... te queda un poco grande...

Me quita él mismo el frac y quedo sepultado° en una chaqueta enorme cuyas mangas probablemente no me van a permitir comer. Le di las gracias. ¡El hombre creía hacerme un favor!   *buried*

Me sentaron entre un niño de cinco años y uno de esos hombres que ocupan en este mundo el espacio de tres. Interminables y de mal gusto fueron los cumplimientos con que para dar y recibir cada plato nos aburrimos unos a otros.

—Sírvase usted.

—Por favor, páselo usted a la señora...

—Perdone usted...

—Sin etiqueta,° señores —exclamó Braulio, y se sirvió él primero. Cruza por aquí la carne; por allá la verdura; acá los garbanzos; allá el jamón; el pollo por la derecha, por el medio el tocino; le sigue un plato de pavo, que Dios maldiga,° y a éste otro y otro...   **Sin...** *Without formalities*
      curse

—¡Qué lástima! Este pavo no está bien cocinado,° —decía la mujer.   **bien...** *well done*

—¡Oh, está excelente, excelente! —decíamos todos, dejándolo en el plato.

El niño de mi izquierda hacía saltar las aceitunas a un plato con tomate, y una vino a parar° a uno de mis ojos, que no volvió a ver claro en todo el día. El señor gordo de mi derecha iba dejando en el mantel, al lado de mi pan, los huesos° de las suyas. El invitado de enfrente se había encargado de hacer la autopsia de un pollo. De repente, el hombre hizo algo con el tenedor, y el pollo, violentamente despedido,° pareció volar como en sus tiempos más felices. El susto fue general y la alarma llegó a su colmo° cuando un tazón de caldo, impulsado por el animal furioso, saltó a inundar mi limpísima camisa.   **vino...** *landed*
      pits
      tossed
      utmost

¿Hay más desgracias? ¡Santo cielo! Sí, las hay, para mí. Doña Juana, la de los dientes negros y amarillos, me ofrece de su plato y con su tenedor, un trozo de carne que es necesario aceptar y tragar. El niño se divierte en despedir a los ojos de los invitados los huesos de las aceitunas. Mi gordo fuma sin cesar, convertido° en una chimenea. Por fin, ¡oh, última de las desgracias! todos piden versos, y no hay otro poeta que Fígaro.

turned into

—Tiene que decir algo —gritan todos.

—¡Señores, por Dios! ¡En mi vida° he improvisado! ¡Me marcharé!

En... Never in my life

—¡Cierren la puerta!

—¡No sale usted de aquí sin decir algo!

Y recito versos y vomito disparates,° y los celebran, y crece la bulla,° el humo y el infierno.

nonsense / noise

A Dios gracias, logro° escaparme de aquel nuevo *Pandemonio*. Por fin ya respiro el aire fresco de la calle. Ya no hay necios,° ya no hay castellanos viejos a mi alrededor.

I manage
fools

—¡Santo Dios, yo te doy gracias! —exclamo, respirando como el ciervo° que acaba de escaparse de una docena de perros. De aquí en adelante no te pido dinero...no te pido glorias ni honores... Líbrame° de estas casas en que una invitación es un acontecimiento;° en que sólo se pone la mesa decente para los invitados; en que creen hacer favores cuando dan mortificaciones; en que se dicen versos; en que hay niños; en que hay gordos; en que reina, en fin, la brutal franqueza de los castellanos viejos.

deer

Deliver me
event

Díganos...

1. ¿Qué pasó un día cuando Larra iba caminando por la calle?
2. ¿Por qué invita Braulio a Fígaro y cómo reacciona éste ante la invitación?
3. ¿Qué otras personas van a asistir a la fiesta de Braulio, según él?
4. ¿Qué pasó antes de comer?
5. ¿Puede contarnos el episodio de la chaqueta de Braulio?
6. ¿Qué comieron los invitados y qué problemas hubo con la comida?
7. ¿Qué hacía el niño que estaba sentado al lado de Fígaro?
8. ¿Qué otras desgracias sucedieron durante la comida?
9. ¿Qué pasa cuando los invitados piden versos y Fígaro tiene que recitar?
10. ¿Cómo se siente Fígaro cuando sale de la casa y cuál es su «oración» [*prayer*]?

VOCABULARIO

NOMBRES

la **aceituna** olive
la **amistad** friendship
la **cana** gray hair
el (la) **cobarde** coward
la **desgracia** misfortune
el **gato** cat

el **humo** smoke
el (la) **invitado(a)** guest
el **llanto** crying
la **manga** sleeve
el **placer** pleasure
la **prueba** proof
la **rabia** rage

la **sonrisa**   smile
el **susto**   fright
el **tazón**   bowl
el **tocino**   bacon

VERBOS

agradecer   to thank
ahogar   to choke
coger   to pick up, to grasp
comprender   to understand
encargarse de   to take charge of
esconder(se)   to hide
gritar   to shout
manchar   to stain
marcharse   to leave, to go away
morder (o → ue)   to bite
pegar   to beat, to hit
respirar   to breathe
sujetar   to hold

tragar   to swallow
volverse   to turn around

ADJETIVOS

avergonzado(a)   ashamed
calvo(a)   bald
extraño(a)   strange
manchado(a)   stained

OTRAS PALABRAS Y EXPRESIONES

al pan, pan y al vino, vino   the plain truth, call a spade a spade
con cuidado   carefully
de aquí en adelante   from now on
de edad mediana   middle aged
despacio   slowly
en cambio   on the other hand
sin cesar   without stopping
sin sentido   unconscious

Palabras y más palabras

Las palabras nuevas que aparecen en las tres selecciones... ¿forman ya parte de su vocabulario? ¡Vamos a ver!

Complete las siguientes oraciones, usando las palabras del vocabulario.

1. El invitado se sintió muy _____ cuando _____ la alfombra con el vino.
2. Siempre como _____ con huevos y un _____ de cereal.
3. ¡Todo lo haces muy rápido! De aquí en _____ vas a tener que trabajar más _____.
4. Oímos el _____ del niño cuando el _____ lo mordió en el brazo.
5. Me gustan las cosas claras: al pan, _____ y al vino, _____.
6. Luisa es muy simpática; en _____ su hermana es antipática.
7. ¡Me ahogas! No puedo _____.
8. Le pegó y lo dejó sin _____.
9. Me manché la _____ de la camisa.
10. ¡Qué _____! Siempre decían que Francisco era un héroe y ahora dicen que es un _____...
11. Ellos no pueden _____ de ese trabajo porque no saben hacerlo.
12. Está muy ocupado; trabaja sin _____. Yo no _____ cómo tiene tiempo para todo.
13. Cuando sus amigos lo llamaron, Julio se _____ para mirarlos.

14. El revólver era la prueba del crimen. Por eso, Ana lo _____.
15. Donde hay _____, hay fuego.
16. Es muy simpática; siempre tiene una _____ en los labios. Es un _____ hablar con ella.
17. Era un hombre de edad _____, pero no tenía pelo; era completamente _____.
18. ¡Qué _____! Casi me caí, pero mi hermano me _____.
19. Me duele la garganta; no puedo _____ nada.
20. Cuando vio a su enemigo, la _____ no lo dejó hablar.
21. La fruta del olivo es la _____.
22. Cuando era joven, tenía pelo negro, pero ahora tengo muchas _____.
23. Le quiero _____ todos los favores que me hace.
24. Le dio un beso y se _____.
25. El pobre chico _____, pero nadie le oyó.

Desde el punto de vista literario

Comente usted...

1. ¿Ve usted ironía en la fábula «El hombre que tenía dos esposas»? ¿Cuál es?
2. ¿Qué significa para usted la moraleja del cuento?
3. Estudiando con cuidado el uso de los adjetivos, diga cómo contribuyen éstos al ambiente del cuento «Último acto».
4. ¿Cómo logra el autor el suspenso en el cuento?
5. ¿Puede usted indicar dónde se encuentra el punto culminante del cuento? ¿Por qué?
6. ¿Usa el autor imágenes y metáforas para narrar su historia? ¿Cuáles son?
7. ¿Puede usted indicar en qué consiste la ironía del cuento?
8. ¿Desde qué punto de vista está contada la historia?
9. ¿Cree usted que la obra tiene un mensaje? ¿Cuál es?
10. ¿Cuál es el tono del artículo de Larra? Dé ejemplos en los que el autor utiliza la exageración para darle énfasis al tema.
11. ¿Cuál es la crítica que presenta el autor de «El castellano viejo»?

Composición

Escriba una breve composición sobre el tema de la pena de muerte (*death penalty*). Analice los siguientes aspectos.

1. ¿Existe la pena de muerte en el estado donde usted vive?
2. ¿Cree usted que se puede justificar el matar a alguien como castigo?
3. ¿Piensa usted que la pena de muerte realmente ayuda a prevenir el crimen?
4. Exprese su opinión personal sobre la pena de muerte.

PENSAMIENTOS DE HOMBRES ILUSTRES

Sobre la conciencia

Un pueblo sin conciencia es un pueblo muerto.

José Martínez Ruiz (España: 1873–1967)

Ninguna justicia puede prevalecer contra la primera libertad, ínsita[1] a la naturaleza humana, que es la de la conciencia.

Mariano Picón-Salas (Venezuela: 1901–1965).

---

[1]natural

5

GREGORIO LÓPEZ Y FUENTES   (México: 1897–   )

Gregorio López y Fuentes nació en la región de Veracruz, donde su padre era agricultor. Fue aquí donde el escritor se familiarizó con los tipos campesinos que después aparecieron en sus cuentos y novelas.

López y Fuentes ha escrito varias novelas sobre distintos aspectos de la vida mexicana. De ellas, las dos mejores son: *Tierra* (1932) sobre la vida de Emiliano Zapata y *El Indio* (1935) que es una especie de síntesis de la historia de México y con la cual el escritor ganó el premio nacional de literatura. En su colección de cuentos, *Cuentos campesinos de México* (1940), el escritor recuerda episodios de su juventud. En ellos el autor muestra un gran interés por la psicología y las costumbres de los personajes que presenta.

Una carta a Dios (*Adaptado*)

La casa —única en todo el valle— estaba en uno de esos cerros truncados que, como pirámides rudimentarias, dejaron algunas tribus al marcharse. Desde allá se veían los campos, el río, y el maíz ya a punto de brotar.° Entre las matas de maíz, el frijol con su florecita morada, promesa inequívoca de una buena cosecha.

to come out

Lo único que necesitaba la tierra era una lluvia, por lo menos un fuerte aguacero, de esos que forman charcos° entre los surcos.° Dudar de que iba a llover era lo mismo que dejar de creer en la experiencia de quienes, por tradición, enseñaron a sembrar en determinado día del año.

puddles / furrows

Durante la mañana, Lencho no había hecho más que° examinar el cielo por el noreste.

no... *had done nothing but* . . .

—Ahora sí que viene el agua, vieja.

Y la vieja, que preparaba la comida, le respondió.

—Dios lo quiera.

Los muchachos más grandes arrancaban las hierbas de entre la siembra, mientras que los más pequeños corrían cerca de la casa, hasta que la mujer les gritó a todos:

—Vengan a comer...

Fue en el curso de la comida cuando, como lo había asegurado Lencho, comenzaron a caer gruesas° gotas de lluvia. Por el noreste se veían avanzar grandes montañas de nubes. El aire olía a jarro° nuevo.

thick, big

earthen jug

—Hagan de cuenta, muchachos —exclamaba el hombre mientras se mojaba con el pretexto de recoger algunas cosas, —que no son gotas de agua las que están cayendo; son monedas nuevas: las gotas grandes son de a diez y las gotas chicas son de a cinco...[1]

---

[1] **Las gotas grandes...a cinco.** The large drops are ten-*centavo* coins and the small drops, five-*centavo* coins.

Y miraba, satisfecho, el maíz a punto de brotar, adornado con las hileras
frondosas° del frijol, y entonces cubierto por la transparente cortina de la *leafy*
lluvia. Pero, de pronto, comenzó a soplar° un fuerte viento y con las gotas *to blow*
de agua comenzaron a caer granizos tan grandes como bellotas.° *acorns*
Ésos sí que
parecían monedas de plata nuevas. Los muchachos, exponiéndose a la lluvia,
corrían y recogían las perlas heladas de mayor tamaño.

—Esto sí que está muy malo —exclamaba mortificado el hombre—; ojalá
que pase pronto...

No pasó pronto. Durante una hora, el granizo apedreó° la casa, la huerta,° *stoned / orchard*
el monte, el maíz y todo el valle. El campo estaba tan blanco que parecía
una salina.° Los árboles, deshojados. El maíz, hecho pedazos.° El frijol, sin *salt marsh / **hecho...** torn to pieces*
una flor. Lencho, con el alma llena de tribulaciones. Pasada la tormenta, en
medio de los surcos, les decía a sus hijos:

—El granizo no ha dejado nada: ni una sola mata de maíz dará una
mazorca,° ni una mata de frijol dará una vaina...° *ear of corn / pod*

La noche fue de lamentaciones:

—¡Todo nuestro trabajo perdido!

—¡Y ni a quién pedir ayuda!

—Este año vamos a pasar hambre...

Pero muy en el fondo° espiritual de todos los que vivían en aquella casa *depth*
solitaria en mitad del valle, había una esperanza: la ayuda de Dios.

—No se preocupen tanto, aunque el mal es muy grande. ¡Recuerden que
nadie se muere de hambre!

—Eso dicen: nadie se muere de hambre...

Y mientras llegaba el amanecer,° Lencho pensó mucho en lo que había *dawn*
visto en la iglesia del pueblo los domingos: un triángulo y dentro del triángulo
un ojo, un ojo que parecía muy grande, un ojo que, según le habían explicado,
lo mira todo, hasta lo que está en el fondo de las conciencias.

Lencho era un hombre rudo° y él mismo decía siempre que el campo *coarse*
embrutece,° pero sin embargo sabía escribir. Ya con la luz del día y apro- *brutalizes*
vechando la circunstancia de que era domingo, se puso a escribir una carta
que él mismo llevaría al pueblo para echarla al correo.

Era nada menos que una carta a Dios.

«Dios —escribió—, si no me ayudas voy a pasar hambre con todos los
míos, durante este año: necesito cien pesos para volver a sembrar y vivir
mientras viene la otra cosecha, pues el granizo...»

Escribió en el sobre «A Dios», puso la carta en él, y aún preocupado, se
fue para el pueblo. En la oficina de correos, le puso un timbre° a la carta y *stamp*
echó ésta en el buzón.

Un empleado, que era cartero y todo en la oficina de correos, llegó riendo
ante su jefe: le mostraba nada menos que la carta dirigida a Dios. Nunca
en su existencia de cartero había conocido ese domicilio. El jefe de la oficina
—gordo y bonachón° —también se rió, pero bien pronto se le plegó el en- *kind*
trecejo° y, mientras daba golpecitos en su mesa con la carta, comentaba: *se... he frowned*

—¡La fe!° ¡Quién tuviera° la fe de quien escribió esta carta! ¡Creer como *faith / **quién...** I wish I had*
él cree! ¡Esperar con la confianza con que él sabe esperar! ¡Escribirle a Dios!

Y, para, no defraudar° aquel tesoro de fe, descubierto a través de una   *disappoint*
carta que no podía ser entregada, el jefe postal tuvo una idea: contestar la
carta. Pero una vez abierta, vio que contestar necesitaba algo más que buena
voluntad,° tinta° y papel. No por ello se dio por vencido: le exigió° a su   *will / ink /*
empleado una contribución, él puso parte de su sueldo y a varias personas   *demanded*
les pidió dinero «para una buena obra».

Fue imposible para él reunir los cien pesos solicitados por Lencho, y se
conformó con enviar al campesino por lo menos lo que había reunido: algo
más de la mitad. Puso los billetes en un sobre dirigido a Lencho y con ellos
un papel que no tenía más que una palabra, a manera de firma: DIOS.

Al siguiente domingo Lencho llegó a preguntar, más temprano que nunca,
si había alguna carta para él. Fue el mismo cartero quien le entregó la carta
mientras que el jefe, con la alegría de quien ha hecho una buena acción
espiaba desde su despacho.

Lencho no mostró la menor sorpresa al ver los billetes —tanta era su
seguridad —pero hizo un gesto de ira al contar el dinero... ¡Dios no podía   *haberse... have*
haberse equivocado,° ni negar lo que se le había pedido!   *made a mistake*

Inmediatamente, Lencho se acercó a la ventanilla para pedir papel y tinta.
En la mesa destinada al público, empezó a escribir, con gran esfuerzo para
darle forma legible a sus ideas. Al terminar, fue a pedir un timbre que mojó
con la lengua y luego puso en el sobre.

En cuanto la carta cayó al buzón, el jefe de correos fue a buscarla. Decía:
«Dios: Del dinero que te pedí, sólo llegaron a mis manos sesenta pesos.
Mándame el resto, que me hace mucha falta; pero no por correo, porque los
empleados son muy ladrones. —Lencho».

Díganos...

1. ¿Cómo era el lugar donde estaba la casa de Lencho?
2. ¿Qué era lo que necesitaba la tierra?
3. ¿Qué estaban haciendo Lencho y su familia antes de ir a almorzar?
4. ¿Qué representaban las gotas de agua para Lencho?
5. Al principio, Lencho está muy contento con la lluvia, pero ¿qué pasa
   después?
6. ¿Cómo quedó el campo después del granizo?
7. ¿Cuál era la situación de Lencho y su familia y cuál era su única esperanza?
8. ¿A quién le escribió Lencho y qué le pidió?
9. ¿Qué hizo el jefe de correos después de leer la carta de Lencho?
10. ¿Qué le dice Lencho a Dios en su segunda carta?

◁⃤▷ REINALDO ARENAS   (Cuba: 1943–   )

Reinaldo Arenas es hoy día una de las figuras más conocidas de la nueva narrativa lati-noamericana. Leído internacionalmente, sus obras se han traducido a muchos idiomas. Ha publicado las novelas *El mundo alucinante* (1969), *Celestino antes del alba* (1967) y *El palacio de las blanquísimas mofetas* (1980).

Arenas es un prosista de gran capacidad poética, que siempre lleva al lector de lo real a lo fantástico. A continuación aparece su cuento «Con los ojos cerrados», de la colección *Termina el desfile.*

Con los ojos cerrados (Adaptado)

A usted sí se lo voy a decir, porque sé que si se lo cuento a usted no se va a reír ni me va a regañar.° Pero a mi madre no. A mamá no le voy a decir   *scold*
nada, porque si lo hago me va a regañar. Y, aunque es casi seguro que ella probablemente tiene la razón, no quiero oír ningún consejo.

Por eso. Porque sé que usted no me va a decir nada, se lo digo todo, pero no se lo cuente a mamá.

Ya que solamente tengo ocho años voy todos los días a la escuela. Y aquí empieza la tragedia, pues debo levantarme bien temprano —cuando el gallo que me regaló la tía Ángela sólo ha cantado dos veces— porque la escuela está bastante lejos.

A eso de las seis de la mañana empieza mamá a pelearme° y decirme que   *to nag*
me tengo que levantar y ya a las siete estoy sentado en la cama y estrujándome°   *rubbing*
los ojos. Entonces todo lo tengo que hacer corriendo: ponerme la ropa co-rriendo, llegar corriendo hasta la escuela y entrar corriendo en la fila° pues   *line*
ya han tocado el timbre y la maestra está parada en la puerta.

Pero ayer fue diferente ya que la tía Ángela debía irse para Oriente y tenía que coger el tren antes de las siete. Y se formó un alboroto° enorme en   *confused noise*
la casa. Todos los vecinos vinieron a despedirla, y mamá se puso tan nerviosa que se le cayó la olla° con el agua hirviendo en el piso cuando iba a pasar el   *pot*
agua por el colador para hacer el café y se quemó un pie.

Con aquel escándalo tuve que despertarme. Y, ya que estaba despierto, me decidí a levantarme.

La tía Ángela, después de muchos besos y abrazos, pudo marcharse. Y yo salí en seguida para la escuela, aunque todavía era bastante temprano.

Hoy no tengo que ir corriendo, me dije. Y empecé a andar bastante despacio por cierto. Y cuando fui a cruzar la calle me tropecé° con un gato   *I tripped*
que estaba acostado en la acera. —Buen lugar escogiste para dormir— le dije, y lo toqué con el pie. Pero no se movió. Entonces me arrodillé junto a él y pude ver que estaba muerto. El pobre, pensé; seguramente lo arrolló alguna

máquina,[1] y alguien lo tiró en ese rincón. Qué lástima, porque era un gato grande y de color amarillo que seguramente no tenía ningún deseo de morirse. Pero bueno: ya nada se puede hacer. Y seguí andando.

Como todavía era temprano me llegué hasta la dulcería, porque aunque está lejos de la escuela, hay siempre dulces frescos y sabrosos. En esta dulcería hay también dos viejitas paradas en la entrada, con una jaba° cada una, y las manos extendidas,° pidiendo limosnas...° Un día yo le di un medio[2] a cada una, y las dos me dijeron al mismo tiempo: «Dios te haga un santo.» Eso me hizo reír y volví a poner otros dos medios en aquellas manos tan arrugadas. Y ellas volvieron a repetir: «Dios te haga un santo.» Y desde entonces, cada vez que paso por allí, me miran con sus caras de pasas° y no me queda más remedio° que darles un medio a cada una. Pero ayer no podía darles nada, ya que hasta la peseta[3] de la merienda la gasté en tortas de chocolate. Y por eso salí por la puerta de atrás, y así las viejitas no me vieron.

Ahora sólo tenía que cruzar el puente, caminar dos cuadras y llegar a la escuela.

En ese puente me paré un momento porque sentí un enorme alboroto allá abajo, en la orilla° del río. Cuando miré, vi que un grupo de muchachos de todo tamaño tenía atrapada una rata de agua en un rincón y le gritaban y le tiraban piedras. La rata corría de un extremo a otro del rincón pero no se podía escapar y chillaba desesperadamente. Por fin, uno de los muchachos cogió un pedazo de bambú y golpeó a la rata hasta matarla. Entonces todos los demás corrieron hasta donde estaba el animal y tomándolo, entre saltos y gritos de triunfo, la tiraron hasta el centro del río. La rata muerta siguió flotando hasta perderse en la corriente.

Los muchachos se fueron con el alboroto hasta otro rincón del río. Y yo también empecé a andar.

Caramba —me dije—, qué facil es caminar sobre el puente. Se puede hacer hasta con los ojos cerrados, pues a un lado tenemos las rejas° que no lo dejan a uno caer al agua, y del otro, la acera.° Y para comprobarlo° cerré los ojos y seguí caminando. Y no se lo diga usted a mi madre, pero con los ojos cerrados uno ve muchas cosas, y hasta mejor que si los tiene abiertos... Lo primero que vi fue una gran nube amarilla que brillaba unas veces más fuerte que otras, igual que el sol cuando se va cayendo entre los árboles. Entonces apreté los párpados bien duros° y la nube roja se volvió de color azul. Pero no solamente azul, sino verde. Verde y morada. Morada brillante como un arco iris.°

Y, con los ojos cerrados, empecé a pensar en las calles y en las cosas mientras caminaba. Y vi a mi tía Ángela saliendo de la casa. Pero no con el vestido rojo que siempre se pone cuando va para Oriente, sino con un vestido largo y blanco. Y es tan alta que parecía un palo de teléfono envuelto en una sábana. Pero estaba muy bonita.

Y seguí andando. Y me tropecé de nuevo con el gato en la acera. Pero

bag
outstretched / alms

raisins
no me... *I have no choice*

edge

iron gates
sidewalk / to verify it

regreso al Principio

apreté... *I shut my eyes tight*

arco... *rainbow*

---

[1]car (*Cuba*) / [2]five cents (*Cuba*) / [3]twenty cents (*Cuba*)

esta vez, cuando lo toqué con el pie, dio un salto y salió corriendo. Salió corriendo el gato amarillo y brillante porque estaba vivo y se asustó° cuando lo desperté. Y yo me reí muchísimo cuando lo vi desaparecer.

he was frightened

Seguí caminando, con los ojos desde luego bien cerrados. Y así fue como llegué hasta la dulcería. Pero como no podía comprarme ningún dulce pues ya había gastado hasta la última peseta de la merienda, me contenté con mirarlos a través de la vidriera. Y estaba así, mirándolos, cuando oigo dos voces detrás del mostrador que me dicen: «¿No quieres comer algún dulce?» Y cuando levanté la cabeza vi que las dependientes eran las dos viejitas que siempre estaban pidiendo limosnas a la entrada de la dulcería. No supe qué decir. Pero ellas parece que adivinaron mis deseos y sacaron una torta grande y casi colorada hecha de chocolate y de almendras.° Y me la pusieron en las manos.

almonds

Y yo me volví loco de alegría con aquella torta tan grande, y salí a la calle.

Cuando iba por el puente con la torta entre las manos, oí otra vez el escándalo de los muchachos. Y (con los ojos cerrados) los vi allá abajo, nadando rápidamente hasta el centro del río para salvar una rata de agua, pues la pobre parece que estaba enferma y no podía nadar.

Los muchachos sacaron la rata del agua y la depositaron sobre una piedra para que se secara al sol. Entonces fui a llamarlos para invitarlos a comer todos juntos la torta de chocolate, pues yo solo no iba a poder comer aquella torta tan grande.

De veras que los iba a llamar. Levanté las manos con la torta encima para mostrársela y todos vinieron corriendo. Pero entonces, «puch», me pasó el camión casi por arriba° en medio de la calle que era donde, sin darme cuenta, me había parado.

me... the truck almost ran over me

Y aquí me ve usted: con las piernas blancas por el esparadrapo y el yeso. Tan blancas como las paredes de este cuarto, donde sólo entran mujeres vestidas de blanco para darme un pinchazo° o una pastilla también blanca.

shot

Y no crea que lo que le he contado es mentira. No piense que porque tengo un poco de fiebre y a cada rato me quejo del dolor en las piernas, estoy diciendo mentiras, porque no es así. Y si usted quiere comprobar si fue verdad, vaya al puente, que seguramente debe estar todavía, en el medio de la calle, sobre el asfalto, la torta grande y casi colorada, hecha de chocolate y almendras, que me regalaron las dos viejitas de la dulcería.

Díganos...

1. ¿Qué debe hacer el niño todas las mañanas?
2. ¿Qué fue lo que interrumpió la rutina del niño?
3. ¿Qué encontró el niño cuando iba camino de la escuela?
4. ¿Qué sabe Ud. sobre las dos viejitas que están siempre a la entrada de la dulcería?
5. ¿Qué vio el niño desde el puente?
6. ¿Qué es lo primero que vio el niño cuando cerró los ojos?

7. ¿Qué pasó la segunda vez que el niño vio al gato?
8. ¿Por qué estaba muy contento el niño cuando salió de la dulcería?
9. Cuando el niño tenía los ojos cerrados, ¿qué hicieron los muchachos con la rata?
10. ¿Qué le pasó al niño cuando estaba parado en el medio de la calle?
11. ¿Dónde está el niño ahora?
12. Según el niño, ¿cómo podemos comprobar que él no está mintiendo?

VOCABULARIO

NOMBRES

el **aguacero** heavy shower
el **buzón** mail box
el **cerro** hill
el **colador** strainer
la **cosecha** harvest
la **dulcería,** la **pastelería**
          bakery
el **esparadrapo** adhesive tape
la **esperanza** hope
el **granizo** hail
la **mata** plant
la **moneda** coin
la **pastilla** pill
el **puente** bridge
el **sobre** envelope
la **tormenta** storm
el **yeso** cast

VERBOS

adivinar to guess
arrollar, atropellar to run over

coger to catch, to pick up
despedir (e → i) to say good-bye,
          to see (*someone*) off
mojarse to get wet
negar (e → ie) to refuse
sembrar (e → ie) to sow

ADJETIVOS

deshojado(a) stripped of its leaves
fuerte strong

OTRAS PALABRAS Y EXPRESIONES

a punto de about to
agua hirviendo boiling water
arrancar las hierbas to pull out
          weeds
darse por vencido to give up
hacer de cuenta to pretend
la puerta de atrás back door
pasar hambre to go hungry

Palabras y más palabras

Las palabras nuevas que aparecen en las dos selecciones... ¿forman ya parte de su vocabulario? ¡Vamos a ver!
  Dé las palabras equivalentes a lo siguiente:

1. elevación más pequeña que una montaña
2. planta
3. lluvia muy fuerte
4. lo que usamos para colar
5. pastelería
6. decir adiós
7. dinero en metal

8. opuesto de *secarse*
9. píldora
10. no comer por mucho tiempo
11. plantar
12. agua a más de 100 grados centígrados
13. atropellar
14. el producto de la siembras
15. agarrar
16. papel doblado que contiene cartas, etc.
17. sin hojas
18. lo que se usa para enyesar
19. cinta adhesiva
20. estructura construida sobre un río, carretera, etc.
21. pequeños pedazos de hielo que a veces caen durante una tormenta
22. una de las tres virtudes teologales
23. renunciar a seguir luchando
24. listo para
25. quitar las yerbas
26. depósito para cartas

Desde el punto de vista literario

Comente usted...

1. En el cuento «Una carta a Dios», ¿qué simboliza la lluvia al principio del cuento y qué simboliza después del granizo?
2. Señale algunas de las imágenes que usa Gregorio López y Fuentes para ambientar el cuento.
3. ¿Cómo es el lenguaje de «Una carta a Dios»?
4. ¿Cuál es el personaje central de «Una carta a Dios»?
5. En el cuento de López y Fuentes hay dos situaciones irónicas: ¿cuáles son?
6. ¿Desde qué punto de vista está narrado el cuento «Con los ojos cerrados»?
7. Dé usted ejemplos de cómo Reinaldo Arenas usa los colores.
8. ¿Qué imágenes usa el autor para hacernos saber que el niño está en el hospital?
9. ¿Qué importancia tiene el título del cuento en relación con el tema?
10. ¿Qué diferencias hay entre la realidad y lo que el niño «ve» con los ojos cerrados?

Composición

Imagine que, al igual que el niño del cuento de Arenas, usted cierra los ojos para «ver», no la realidad, sino lo que usted desea ver y escriba una composición diciéndonos qué cosas cambiaría usted. Para ello, siga los siguientes pasos.

1. Describa la realidad:
   a. en relación con su familia y amigos
   b. en relación con sus estudios o su trabajo
   c. en relación con algunos problemas sociales
2. Describa lo que usted «ve» con los ojos cerrados.
3. Para concluir, diga lo que usted puede hacer para lograr los cambios que usted desea.

PENSAMIENTOS DE HOMBRES ILUSTRES

Sobre la nobleza

La nobleza se define por la exigencia, por las obligaciones, no por los derechos.

José Ortega y Gasset (España: 1883–1955

Para mí, nobleza es sinónimo de vida esforzada, puesta siempre a superarse a sí misma[1]...

José Ortega y Gasset

---

[1]itself

6

RICARDO PALMA   (Perú: 1833–1919)

Ricardo Palma nació en Lima y comenzó su carrera literaria escribiendo poesía y teatro, pero su gloria como escritor se debe principalmente a sus «tradiciones». Este género, creado e introducido por Palma en plena época del romanticismo, no tiene equivalente exacto en la literatura europea.

Aunque es difícil clasificar y definir las «tradiciones», en líneas generales están dentro de la temática costumbrista. Se trata de breves relatos en los que mezcla lo real con lo imaginario y el humor con la ironía.

La pantorrilla° del comandante

calf

(Selección adaptada)

I

FRAGMENTO DE CARTA DEL TERCER JEFE DEL «IMPERIAL ALEJANDRO» AL SEGUNDO COMANDANTE DEL BATALLÓN «GERONA»

Cuzco, 3 de diciembre de 1822

Mi querido amigo: Aprovecho para escribirte la oportunidad de ir el capitán don Pedro Uriondo con cartas del virrey para el general Valdés.

Uriondo es el español más simpático que madre andaluza ha traído al mundo. Te lo recomiendo mucho. Tiene la manía° de proponer apuestas por todo y sobre todo, y lo extraño es que siempre las gana. ¡Por Dios!, hermano, te ruego que no le aceptes ninguna apuesta y que les adviertas lo mismo a tus amigos. Uriondo se jacta de que jamás ha perdido ninguna apuesta, y dice la verdad. De modo que te aconsejo que abras los ojos y tengas mucho cuidado...

bad habit

Siempre tuyo,

Juan Echerry

II

CARTA DEL SEGUNDO COMANDANTE DEL «GERONA» A SU AMIGO DEL «IMPERIAL ALEJANDRO»

Sama, 28 de diciembre de 1822

Mi inolvidable camarada y pariente: Te escribo sobre un tambor° en el momento de prepararse el batallón para salir hacia Tacna, donde estoy seguro de que vamos a capturar al gaucho Martínez, antes de que se una a las tropas de Alvarado, a quien después nos proponemos hacer bailar el zorongo.[1] El diablo se va a llevar de esta vez a los insurgentes. Ya es tiempo de que cargue Satanás con lo suyo, y de que las charreteras° de coronel estén sobre los hombros de tu amigo.

    Te doy las gracias por haberme proporcionado la amistad del capitán Uriondo. Es un muchacho que vale en oro lo que pesa y en los pocos días que lo hemos tenido en el cuartel° general ha sido el favorito de la oficialidad.

    ¡Y lo bien que canta el chico! ¡Y cómo sabe hacer hablar a las cuerdas° de una guitarra!

    Mañana saldrá de regreso para el Cuzco con cartas del general para el virrey.

    En cuanto a sus laureles como ganador de apuestas... digamos que van marchitos.° Dijo esta mañana que el aire de vacilación que tengo al andar dependía, no del balazo que me dieron en el alto Perú, sino de un lunar grueso como un grano de arroz, que, según él afirmaba, sin ninguna duda, debía yo tener en la parte baja de la pierna izquierda. Agregó° con una seguridad digna° del médico de mi batallón, que ese lunar era cabeza de vena y con el tiempo, si no me lo hacía quemar, tendría ataques mortales al corazón. Yo que conozco mi agujereado° cuerpo y que sé que no tengo lunares, me empecé a reír. Uriondo se sintió herido en su orgullo y apostó seis onzas a que me convencía de la existencia del lunar. Aceptarle era robarle el dinero, y me negué: pero, insistiendo él tercamente en su afirmación, intervinieron el capitán Murrieta, nuestro amigo Goytisolo, el teniente Silgado y el padre Marieluz, que está de capellán° de tropa, y otros oficiales, diciéndome todos:

    —¡Vamos, comandante, gánese ese dinero que le cae de las nubes!

    ¡Me convencieron! Enseñé la pierna y todos vieron que en ella no había ningún lunar. Uriondo se puso rojo° y tuvo que confesar que se había equivocado. Me dio las seis onzas que yo no quería aceptar; pero que al fin, tuve que guardar, pues él insistió en declarar que las había perdido en toda regla.°

    Contra tu consejo tuve la debilidad de aceptarle una apuesta a tu amigo, quedándome más que la ganancia de las seis onzas, la gloria de ser el primero que ha vencido al que tú considerabas invencible. Que Dios te guarde de un balazo, y a mí... lo mismo.

Domingo Echizarraga

drum

epaulets

barracks

strings

withered

He added

worthy

full of holes

chaplain

se puso... blushed

en... fairly

---

[1]Andalusian dance

III

CARTA DEL TERCER JEFE DEL «IMPERIAL ALEJANDRO» AL SEGUNDO COMANDANTE DEL «GERONA»

Cuzco, enero 10 de 1823

Compañero: ¡Me arruinaste!

El capitán Uriondo había apostado conmigo treinta onzas a que te hacía enseñar la pantorrilla el día de los Inocentes.[1]

Desde ayer hay, por culpa tuya, treinta onzas menos en el bolsillo de tu amigo, que te perdona la desobediencia a mi consejo.

Juan Echerry

IV

Y yo el escritor garantizo, con toda la seriedad de un tradicionista, la autenticidad de las firmas de Echerry y Echizarraga.

Ricardo Palma

Díganos...

1. ¿Qué sabe usted de Pedro Uriondo?
2. ¿De qué se jacta siempre Uriondo?
3. ¿Qué le recomienda Juan Echerry a su amigo?
4. ¿Qué opinión tiene Domingo Echizarraga sobre Uriondo?
5. ¿Qué ha dicho Uriondo que causa el problema de Echizarraga?
6. ¿Cuál es la apuesta que hacen Echizarraga y Uriondo?
7. ¿Quién gana realmente la apuesta y por qué?
8. ¿Por qué dijo Juan Echerry que su amigo lo había arruinado?

---

[1] El día de los Inocentes se celebra el 28 de diciembre y es parecido a «April Fool's Day».

ARMANDO PALACIO VALDÉS (España: 1853–1938)

Armando Palacio Valdés nació en Asturias, España y fue uno de los grandes escritores españoles del siglo XIX. Su producción literaria fue muy extensa y comprende novelas y cuentos naturalistas y realistas. Entre sus novelas se destacan *La espuma*, *La hermana San Sulpicio*, *José*, *Riverita*, *Marta y María* y muchas otras. El cuento que presentamos pertenece a su colección *Aguas Fuertes*.

El crimen de la calle de la Perseguida (*Adaptado*)

—Aquí donde Ud. me ve, soy un asesino.

—¿Cómo es eso, don Elías? —pregunté riendo, mientras le llenaba la copa de cerveza.

Don Elías es el hombre más bondadoso, más sufrido y disciplinado que tiene la Compañía de Telégrafos; incapaz de declararse en huelga, aunque el director le mande cepillarle los pantalones.

—Sí, señor...; hay circunstancias en la vida...; llega un momento en que el hombre más pacífico...

—A ver, a ver; quiero que me cuente usted eso —dije ya lleno de curiosidad.

—Fue en el invierno del setenta y ocho. Me fui a vivir a O... con una hija casada que allí tengo. Mi vida era demasiado buena: comer, pasear, dormir. Algunas veces ayudaba a mi yerno, que está empleado en el Ayuntamiento.° — *City Hall*

Cenábamos invariablemente a las ocho. Después de acostar a mi nieta, que entonces tenía tres años y hoy es una hermosa muchacha, me iba a visitar a doña Nieves, una señora viuda que vive sola en la calle de la Perseguida, en una casa de su propiedad, grande, antigua, de un solo piso, con portal° — *entry* oscuro y escalera de piedra. Yo solía ir a las nueve y media y acostumbraba a quedarme hasta las once o las doce.

Cierta noche me despedí, como de costumbre,° a esa hora. Doña Nieves — *como... as usual* es muy económica y vive como pobre, aunque posee bastante dinero para vivir como una gran señora. No ponía luz alguna para alumbrar° la escalera — *to light* y el portal. Cuando yo salía, la criada alumbraba con el quinqué° de la cocina — *lamp* desde arriba. En cuanto yo cerraba la puerta del portal, cerraba ella la del piso y me dejaba casi en tinieblas,° porque la luz que entraba de la calle era — *darkness* muy poca.

Al dar el primer paso, sentí un fuerte golpe con el que me metieron el sombrero hasta las narices. El miedo me paralizó y me dejé caer contra la pared. Creí escuchar risas y un poco repuesto° del susto me quité el sombrero. — *after overcoming*

—¿Quién va? —dije, dando a mi voz acento formidable y amenazador.° *threatening*

Nadie respondió. Pasaron por mi imaginación rápidamente varias ideas. ¿Tratarían de robarme? ¿Querrían algunos muchachos divertirse a mi costa?° **a mi...** *at my expense* Decidí salir inmediatamente porque la puerta estaba libre. Al llegar al medio del portal, me dieron un fuerte golpe en las nalgas° con la palma de *buttocks* la mano, y un grupo de cinco o seis hombres cubrió al mismo tiempo la puerta.

—¡Socorro! —grité. Los hombres comenzaron a brincar° delante de mí, *jump* gesticulando de modo extravagante. Mi terror había llegado al colmo.° *utmost*

—¿A dónde vas a estas horas, ladrón? —dijo uno de ellos.

—Irá a robar un muerto. Es el médico —dijo otro. Pensando que estaban borrachos, exclamé con fuerza:

—¡Fuera, canallas!° Dejadme paso o mato a uno. Al mismo tiempo levanté el bastón de hierro° que acostumbraba a llevar por las noches. *scoundrels* / *iron*

Los hombres, sin hacerme caso, siguieron bailando y gesticulando. Pude observar con la poca luz que entraba de la calle que ponían siempre por delante° a uno más fuerte, detrás del cual los otros se protegían. **por...** *in front*

—¡Fuera! —volví a gritar, moviendo el bastón.

—Ríndete,° perro —me respondieron, sin detenerse en su baile fantástico. *Surrender*

Ya no tuve duda: estaban borrachos. Por esto y porque vi que no tenían armas, me tranquilicé relativamente. Bajé el bastón y, tratando de dar a mis palabras acento de autoridad, les dije: ¡Fuera!

—¡Ríndete, perro! ¿Vas a chupar° la sangre de los muertos? ¿Vas a cortar *suck* alguna pierna? ¡Saquémosle un ojo! ¡Cortémosle la nariz! —Al mismo tiempo avanzaron más hacia mí. Uno de ellos, no el que venía delante, sino otro, extendió el brazo por encima° del brazo del primero y me dio un fuerte tirón° *over* / *pull* en la nariz que me hizo gritar de dolor. Me separé un poco de ellos y, levantando el bastón, lo dejé caer con ira sobre el que venía delante. Cayó pesadamente sin decir «¡ay!» Los demás huyeron.° *ran away*

Quedé solo y aguardé ansioso que el herido se moviera. Nada: ni el más leve° movimiento. Entonces me vino la idea de que pude matarlo. El bastón *slight* era realmente pesado. Con mano temblorosa, saqué un fósforo y lo encendí.

No puedo describirle lo que en aquel instante pasó por mí. En el suelo, boca arriba, estaba un hombre muerto. ¡Muerto, sí! Claramente vi la muerte en su cara pálida. No lo vi más que un momento, pero la visión fue tan intensa que no se me escapó un solo detalle. Era grande, de barba negra; vestía camisa azul y pantalones de color. Parecía un obrero° de la fábrica de *laborer* armas.

Vi entonces con perfecta claridad lo que iba a ocurrir. La muerte de aquel hombre, comentada en seguida por la ciudad; la Policía arrestándome, la preocupación de mi familia; luego la cárcel;° las dificultades de probar que *jail* había sido en defensa propia; el fiscal° llamándome asesino... *district attorney*

Corrí hasta la esquina y, sin hacer el menor ruido doblé la calle de la Perseguida, entré en la de San Joaquín y caminé hasta mi casa, tratando ahora de andar despacio. En la calle de Altavilla, cuando ya me iba serenando, se me acercó un guardia del Ayuntamiento:

—Don Elías, ¿tendrá usted la bondad° de decirme...? *kindness*

No oí más. El salto que di fue tan grande, que me separé algunos metros del policía. Luego, sin mirarle, corrí desesperada, locamente por las calles.

Llegué a las afueras° de la ciudad y allí me detuve. ¡Qué barbaridad había hecho! Aquel guardia me conocía. Pensaría que estaba loco; pero a la mañana siguiente, cuando se tuviera noticia del crimen, sospecharía de mí y se lo diría al juez. *outskirts*

Aterrorizado, caminé hacia mi casa y no tardé en llegar. Al entrar se me ocurrió una idea magnífica. Fui a mi cuarto, guardé el bastón de hierro en el armario y tomé otro de junco que tenía y volví a salir, dirigiéndome al casino. Todavía se hallaban reunidos allí unos cuantos amigos. Me senté al lado de ellos, aparenté buen humor y traté de que se fijaran en el ligero bastoncillo que llevaba en la mano.

Cuando al fin, en la calle, me despedí de mis compañeros, estaba un poco más tranquilo. Pero al llegar a casa y quedarme solo en el cuarto, sentí una tristeza mortal. Comprendí que aquella treta° no serviría más que para agravar mi situación en el caso de que sospecharan de mí. *trick*

Me acosté, pero no pude cerrar los ojos, lleno de un terror que el silencio y la soledad hacían más cruel. A cada instante esperaba oír los pasos de la Policía en la escalera. Al amanecer,° sin embargo, me dormí hasta que me despertó la voz de mi hija. *daybreak*

—Ya son las diez, padre. ¡Qué cara tiene usted! ¿Ha pasado mala noche?

—Al contrario, he dormido divinamente —respondí.

No me fiaba de mi hija. Luego pregunté, afectando naturalidad:

—¿Ha venido ya el *Eco del Comercio*?

—Sí.

—Tráemelo.

Cuando mi hija salió, empecé a leer todo con ojos ansiosos, sin ver nada. Al fin, haciendo un esfuerzo supremo para serenarme, pude leer la sección de sucesos° donde hallé uno que decía: *happenings*

SUCESO EXTRAÑO

«Los enfermeros del Hospital Provincial tienen la mala costumbre de utilizar a los locos pacíficos que hay en aquel manicomio° para diferentes trabajos, entre ellos, el de transportar los cadáveres a la sala de autopsia. Anoche cuatro dementes, haciendo este servicio, encontraron abierta la puerta del patio que da acceso al parque da San Ildefonso y se escaparon por ella, llevándose el cadáver. Inmediatamente que el señor administrador del Hospital tuvo noticia del suceso envió a varios enfermeros en su busca, pero fueron inútiles sus esfuerzos. A la una de la mañana se presentaron al Hospital los mismos locos, pero sin el cadáver. Éste fue hallado por el sereno° de la calle de la Perseguida en el portal de la señora Nieves Menéndez. Rogamos al señor director del Hospital Provincial que tome medidas° para que no se repitan estos hechos escandalosos.» *insane asylum* *nightwatch* *measures*

Dejé caer el periódico de las manos y comencé a reírme convulsivamente.

—¿De modo que usted había matado a un muerto?

—Precisamente.

Díganos...

1. ¿Cómo es la personalidad de don Elías?
2. ¿Cómo era la vida de don Elías en O...?
3. ¿Qué sabemos de doña Nieves?
4. ¿Qué ideas pasaron por la imaginación de don Elías al recibir el primer golpe?
5. ¿Qué hacían y decían los hombres que lo atacaron?
6. ¿Qué hizo don Elías para defenderse?
7. ¿Qué vio don Elías cuando encendió el fósforo?
8. ¿Qué hizo cuando el guardia le habló?
9. ¿Qué hizo cuando llegó a su cuarto y a dónde fue después?
10. ¿Cómo pasó la noche?
11. ¿Cuál es una mala costumbre que tienen los enfermeros del Hospital Provincial?
12. ¿Qué habían hecho los locos la noche del «crimen»?

VOCABULARIO

NOMBRES

la **apuesta**   bet
el **bastón**   cane
el **diablo**   devil
el **fósforo,** la **cerilla**   match
el (la) **ganador**(a)   winner
la **huelga**   strike
el (la) **ladrón**(-ona)   burglar, thief
el **lunar**   mole
el **orgullo**   pride
el (la) **pariente**   relative
la **vena**   vein
la **vida**   life
el (la) **viudo**(a)   widower, widow
el **yerno,** el **hijo político**   son-in-law

VERBOS

despedirse (de) (e → i)   to say good-bye

equivocarse   to make a mistake
fiarse (de), **confiar** (en)   to trust
jactarse   to brag
pasear   to go for a walk
pesar   to weigh
quemar   to burn

ADJETIVOS

bondadoso(a)   kind
grueso(a)   thick
herido(a)   wounded
terco(a)   stubborn

OTRAS PALABRAS Y EXPRESIONES

boca arriba[1]   face up
dar un salto   to jump
¡socorro! ¡auxilio!   help!
solía + *infinitive*   used to + *infinitive*
unos(as) **cuantos**(as)   a few

---

[1]**boca abajo**   face down

Palabras y más palabras

Las palabras nuevas que aparecen en las dos selecciones... ¿forman ya parte de su vocabulario? ¡Vamos a ver!

Dé el equivalente de las siguientes palabras o frases.

1. Satanás
2. parte del sistema circulatorio
3. cometer un error
4. hijo político
5. mujer cuyo esposo ha muerto
6. ¡auxilio!
7. persona que roba
8. acción de apostar
9. miembro de la familia
10. lo que hacemos para saber el peso de algo
11. opuesto de *perdedor*
12. opuesto de *humildad*
13. cerilla
14. opuesto de *boca abajo*
15. fiarse (de)
16. bueno
17. unos pocos
18. paro de trabajadores o estudiantes

Desde el punto de vista literario

Comente usted...

1. ¿Qué estilo utiliza Ricardo Palma en «La pantorrilla del comandante»?
2. ¿Quién es el personaje central de la obra y cómo está presentado?
3. ¿En qué tono está escrita esta «tradición»?
4. ¿Por qué es irónico el final de la obra de Palma?
5. ¿Cómo atrae Palacio Valdés la atención del lector desde el primer momento?
6. ¿Desde qué punto de vista está contado el cuento?
7. ¿Qué importancia tiene la oscuridad del portal en la trama?
8. ¿Dónde está la ironía del cuento?

Composición

Escriba una composición analizando el cuento «El crimen de la calle de la Perseguida», de Armando Palacio Valdés.

Plan de trabajo

1. Introducción
   Hable sobre el tema central del cuento.

2. Desarrollo
   a. ¿Qué importancia tiene el ambiente en el cuento?
   b. Tipo de lenguaje que usa el autor.
   c. Descripción de los personajes.
   d. ¿Por qué es importante el final?
3. Conclusión
   Explique Ud. las razones por las cuales le ha gustado o no el cuento.

PENSAMIENTOS DE HOMBRES ILUSTRES

Sobre la tiranía

¿De qué se hace un tirano? De la vileza de muchos y de la cobardía[1] de todos.

Enrique José Varona (Cuba: 1849–1933)

La sangre nos horroriza; pero si ha de verterse alguna, que se vierta la del malvado.

Manuel González Prada (Perú: 1848–1918).

---

[1]cowardice

7

CAMILO JOSÉ CELA   (España: 1916–   )

Nació en la provincia de La Coruña, en la región de Galicia, y se hizo conocer con la publicación de su novela, *La familia de Pascual Duarte*. En todas sus obras Cela usa técnicas estilísticas diferentes que reflejan el tema de cada una de ellas. La crítica considera *La colmena* como su mejor obra. En ella el escritor nos presenta la vida de Madrid después de la Guerra Civil. Es una obra fragmentaria y esquemática en la que se presentan cuadros de la vida de la ciudad y episodios de la vida de sus personajes.

Otras obras del autor son *Pabellón de reposo* (1943), *Nuevas andanzas y desventuras de Lazarillo de Tormes* (1944), *Mrs. Caldwell habla con su hijo* (1953) y *San Camilo, 1936* (1969). También ha escrito numerosos cuentos y libros de viajes como *Viaje a la Alcarria* (1948). En 1989 Cela recibió el Premio Nobel de Literatura.

La colmena *(Selección adaptada)*

[Elvira, uno de los muchos personajes de la obra, representa la miseria humana y la situación de España después de la Guerra Civil. En ella muestra Cela la desesperación y también la esperanza. La novela no es la historia de una sola persona, sino la presentación de 160 personajes en un Madrid donde dominan el hambre y el ansia de satisfacción sexual.]

La señorita Elvira llama al hombre que vende cigarrillos.

—¡Padilla!

—¡Voy, señorita Elvira!

—Dame dos cigarrillos; mañana te los pago.

—Bueno.

Padilla sacó los cigarrillos y se los puso sobre la mesa.

—Uno es para luego, ¿sabes?, para después de la cena.

—Bueno, ya sabe usted, aquí hay crédito.

El hombre sonrió con un gesto de galantería.° La señorita Elvira sonrió   *gallantry*
también.

—Oye, ¿quieres darle un recado a Macario?

—Sí.

—Que si puede tocar «Luisa Fernanda», por favor.

El hombre se marchó arrastrando° los pies, camino de la tarima° de los   *dragging / stage*
músicos. Un señor que llevaba ya un rato mirando a Elvirita, se decidió por
fin a romper el hielo.

—Son bonitas las zarzuelas,[1] ¿verdad, señorita?

La señorita Elvira asintió con una sonrisa que él interpretó como un
gesto° de simpatía.   *gesture*

---

[1] Opereta española

—Y muy sentimentales, ¿verdad?

La señorita Elvira entornó° los ojos. El señor tomó nuevas fuerzas.

—¿A usted le gusta el teatro?

—Si es bueno...

El señor se rio como festejando una ocurrencia muy chistosa,° y continuó:

—Claro, claro. ¿Y el cine? ¿También le gusta el cine?

—A veces...

El señor hizo un esfuerzo tremendo, un esfuerzo que le puso colorado hasta las cejas.°

—Esos cines oscuritos, ¿eh?, ¿qué tal?

La señorita Elvira se mostró digna y suspicaz.°

—Yo al cine voy siempre a ver la película.

El señor reaccionó.

—Claro, naturalmente, yo también... Yo decía por los jóvenes, claro, por las parejitas, ¡todos hemos sido jóvenes!... Señorita, he observado que usted fuma; si usted me lo permite, yo tendría mucho gusto en... vamos, en proporcionarle una cajetilla de cigarrillos.

El señor habla precipitadamente, azoradamente.° La señorita Elvira le respondió con cierto desprecio, con el gesto de quien tiene la sartén por el mango.

—Bueno, ¿por qué no? ¡Si es capricho!°

El señor llamó al vendedor, le compró la cajetilla, se la entregó con su mejor sonrisa a la señorita Elvira, se puso el abrigo, cogió el sombrero y se marchó. Antes le dijo a la señorita Elvira:

—Bueno, señorita, mucho gusto. Leoncio Maestre, para servirla. Como le digo, espero que nos veamos otro día y que seamos buenos amiguitos.

• • •

A don Leoncio Maestre por poco lo mata un tranvía.

—¡Burro!

—¡Burro será usted, desgraciado!° ¿En qué va usted pensando?

Don Leoncio Maestre iba pensando en Elvirita.

—Es mona,° sí, muy mona. ¡Ya lo creo! Y parece chica fina°... No creo que sea una golfa.° ¡Cualquiera sabe! Cada vida es una novela. Estoy seguro de que es una chica de buena familia. Ahora estará trabajando en alguna oficina, en algún sindicato. Tiene la cara triste; a lo mejor lo que necesita es a alguien que le dé cariño y mucho mimo.°

A don Leoncio Maestre le saltaba el corazón debajo de la camisa.

—Mañana vuelvo. Sí, sin duda. Si está, buena señal. Y si no... Si no está... ¡A buscarla!

Don Leoncio Maestre se subió el cuello del abrigo y dio dos saltitos.

—Elvira, señorita Elvira. Es un bonito nombre. Yo creo que la cajetilla de cigarrillos le habrá gustado. Mañana le repetiré el nombre. Leoncio. Leoncio, Leoncio. Espero que ella me ponga un nombre mucho más cariñoso. Leo, Oncio, Oncete... Me tomo una caña° porque me da la gana.

Don Leoncio Maestre se metió en un bar y se tomó una caña en el

half closed

festejando...
applauding a very
funny saying

eyebrows

se... behaved in a
dignified,
mistrustful way

anxiously

whim

you miserable...!

cute / refined

tramp

pampering

a glass of beer
(España)

mostrador.° A su lado, sentada en una banqueta,° una muchacha le son- *counter / stool*
reía. Don Leoncio se volvió de espaldas. Aguantar aquella sonrisa le habría
parecido una traición;° la primera traición que le habría hecho a Elvirita. *betrayal*

—No; Elvirita, no. Elvira. Es un nombre sencillo, un nombre muy bonito.
La muchacha de la banqueta le habló por encima del hombro.

—¿Me da usted fuego,° tío° serio? *light / guy (España)*

Don Leoncio le dio fuego, casi temblando. Pagó la caña y salió a la calle
apresuradamente.° *in a hurry*

—Elvira..., Elvira...

•   •   •

La señorita Elvira deja la novela sobre la mesa de noche y apaga la luz.
«Los misterios de París» se quedan a oscuras al lado de un vaso de agua, de
unas medias° usadas y de una barra de rouge° casi terminada. *stockings / lipstick*

Antes de dormirse, la señorita Elvira siempre piensa un poco.

Doña Rosa tiene razón. Es mejor volver con el viejo, así no puedo seguir.
Es un baboso,° pero, ¡después de todo! yo ya no tengo mucho donde escoger. *drooling old man*

•   •   •

Don Leoncio Maestre tomó dos decisiones fundamentales. Primero: es
evidente que la señorita Elvira no es una cualquiera,° se le ve en la cara. La *tramp*
señorita Elvira es una chica fina, de buena familia, que habrá tenido algún
problema con los suyos y se habrá ido de su casa y ha hecho bien, ¡qué
caramba!

La segunda decisión de don Leoncio fue la de ir de nuevo, después de
cenar, al Café de doña Rosa, a ver si la señorita Elvira había vuelto por allí.

Díganos...

1. ¿En qué época tiene lugar la acción de la novela?
2. ¿Cómo sabemos que Elvira es muy pobre?
3. ¿Qué hace don Leoncio para romper el hielo entre él y Elvira?
4. ¿Cómo reacciona Elvirita cuando el hombre le dice: «Esos cines oscuritos,
   ¿eh?, ¿qué tal?»
5. ¿Qué hace don Leoncio para ganar la amistad de Elvira y cómo reacciona
   ella?
6. ¿Qué le pasa a don Leoncio en la calle y por qué?
7. ¿Cómo cree don Leoncio que es Elvira?
8. Cuando la muchacha le sonríe en el bar, ¿qué cree don Leoncio que le
   está haciendo a Elvirita?
9. Describa el cuarto de Elvira.
10. ¿Cuáles son las decisiones que toma don Leoncio?

△ **ALFONSO SASTRE**   (España: 1926–   )

Alfonso Sastre es un famoso dramaturgo de la post-guerra. Su teatro es un teatro social, con énfasis en la angustia, la desesperanza y la brutalidad del hombre. En su obra, Sastre trata de demostrar que todos tenemos derecho a la libertad y a la justicia. El dramaturgo maneja hábilmente el diálogo y sabe crear un ambiente verídico donde se desarrollan sus obras.

La obra *La mordaza*,[1] es la representación simbólica de la opresión. A través del protagonista, Isaías Krappo, quien mantiene una atmósfera de terror en su casa y en su familia, Sastre representa la dictadura y la falta[2] de libertad en cualquier país.

Otras obras de Alfonso Sastre son *Escuadra hacia la muerte* (1952), *El pan de todos* (1952), *Tierra roja* (1954), *Ana Kleiber* (1955), *La sangre de Dios* (1955), *El cuervo* (1956), *La cornada* (1959) y *Asalto nocturno* (1962).

La mordaza (*Selección adaptada*)

Isaías Krappo, hombre dominante que inspira a su familia más miedo que cariño, está sentado en la sala de su casa. Todos se han ido a dormir y lo han dejado solo. Él está extrañamente contento. De pronto suenan unos golpes° fuertes en la puerta de la calle. Isaías los escucha sorprendido. Vuelven a sonar los golpes.   knocks

ISAÍAS —(*llamando a la criada*) ¡Andrea! ¡La puerta de la calle!
   (*Un silencio. Entra Andrea.*)

ANDREA —Es un señor que pregunta por usted.

ISAÍAS —¿Un señor? ¿Quién?

ANDREA —No lo conozco. No creo que sea del pueblo.

ISAÍAS —No comprendo quién puede ser. Dile que pase.° (*Andrea   Dile... Tell him to
   sale y vuelve en seguida con un hombre delgado, pálido   come in.*
   y muy nervioso. Isaías lo observa y frunce el ceño.°*)   frunce... frowns
   ¿Qué quiere usted? ¿Qué busca a estas horas?

EL FORASTERO° —Es... es usted Isaías Krappo, ¿verdad?   stranger

ISAÍAS —Sí.

EL FORASTERO —Tengo que... tengo que hablar con usted.

ISAÍAS —¿No ha podido esperar hasta mañana?

EL FORASTERO —Es que... acabo de llegar. Tengo el coche en la carretera.
   He estado rodando° siete horas por esos caminos hasta   wandering around
   llegar aquí. Estoy muy cansado.

ISAÍAS —Usted me va a explicar si puede... o si quiere...

---

[1]gag / [2]lack

EL FORASTERO —Desde hace tiempo tenía interés en hablar con usted. Pero no ha podido ser hasta ahora.

ISAÍAS —¿Por qué razón?

EL FORASTERO —He estado... (*Trata de sonreír.*), he estado sin salir durante algún tiempo... he estado... en la cárcel. Esta mañana, a primera hora, me han soltado. Después de, ¿sabe usted?, después de tres largos años, ¿se da cuenta? Hacía tres años que no hablaba con nadie, y he estado pensando, esperando el momento de salir para regresar a estos pueblos, que para mí tienen ciertos recuerdos... aterradores.° ¿Me permite sentarme? No me siento bien.   *terrifying*

ISAÍAS —Siéntese.

EL FORASTERO —Sufro mucho con los nervios y no puedo dormir. Así que estoy enfermo y... desesperado... No sé lo que voy a hacer. Espero tranquilizarme haciendo... lo que quiero hacer; matar a un hombre que no merece vivir en este mundo.

ISAÍAS —¿De qué me está hablando? ¿Está loco o qué le ocurre?

EL FORASTERO —Quizás estoy volviéndome loco. Ha sido demasiado para mí. Y lo malo es que ahora me es imposible dormir. No puedo descansar.

ISAÍAS —(*que empieza a divertirse con la situación*) ¿Y qué tengo yo que ver en todo esto?° Si usted quiere decírmelo...   **qué...** *what does all this have to do with me?*

EL FORASTERO —Es difícil hablar de ciertas cosas, pero hay que hacerlo... Usted ya se puede figurar por qué he estado en la cárcel... desde hace tres años... desde que terminó la guerra precisamente.

ISAÍAS —A lo mejor colaboró amigablemente° con las fuerzas de ocupación.   *in a friendly way*

EL FORASTERO —Exacto. Colaboré... amigablemente. Por eso estuvieron a punto de matarme.° Me condenaron a muerte. Luego hubo personas que se interesaron por mí y he estado en la cárcel tres años, tres largos años, como le digo; tres años que han destrozado mis nervios. Pero lo peor ya me había ocurrido antes, durante la guerra. Yo creo que usted sabe algo de aquello; por eso he venido a hablar con usted. Es lo primero que hago después de salir de la cárcel. Venir a hablar con usted. Yo creo que usted sabe...   **estuvieron...** *they almost killed me*

ISAÍAS —¿Cómo ha sabido mi nombre?

EL FORASTERO —¿Su nombre? No lo he olvidado. No puedo olvidarlo, naturalmente.

ISAÍAS —¿Lo recordaba... de la guerra?

EL FORASTERO —Sí.

ISAÍAS —(*que está un poco nervioso*) Hable de una vez,° si quiere.   **Hable...** *speak up*

EL FORASTERO —(*Lo mira, imperturbable.*) Le hablaba de algo muy doloroso°... de algo que me ocurrió hace tres años, durante la guerra... en estos alrededores,° a cinco kilómetros del pueblo, aproximadamente. Lo recuerdo perfectamente. Fue una cosa tan terrible, que no he podido olvidarla. Y recuerdo hasta las caras de los que intervinieron.

painful
en... *around here*

ISAÍAS —Continúe.

EL FORASTERO —Íbamos en dos coches. En el primero iba yo con... con una importante personalidad del... sí, del ejército de ocupación... En el otro iban nuestras mujeres y mi hija... mi hija de doce años... Nos asaltaron a unos cinco kilómetros de este pueblo, como le digo. Un grupo de la resistencia... de patriotas..., de los que nosotros llamábamos terroristas... La partida de Isaías Krappo...

ISAÍAS —¿Está seguro? Yo no recuerdo nada. No sé de qué me está hablando.

EL FORASTERO —Las mujeres quedaron en manos de los patriotas... El general que iba conmigo recibió un balazo en el pecho, y murió dos horas después. En el momento del ataque traté de ir en auxilio de las mujeres, pero el chofer no tenía otra idea que salir de allí. Y lo consiguió. Sólo él y yo quedamos a salvo.° Unos días después aparecieron los cadáveres de las mujeres y de la niña en un barranco.° Estábamos preparando una expedición de castigo,° pero ya no nos dio tiempo. La expedición quedó aplazada° y ahora he venido yo.

quedamos... *were safe*
ravine
punishment
quedó... *was postponed*

ISAÍAS —¿A qué ha venido?

EL FORASTERO —A hacer justicia.

ISAÍAS —¿A buscar al que mató a su mujer y a su hija?

EL FORASTERO —A ése ya lo he encontrado.

ISAÍAS —(*Ríe.*) Por lo visto piensa que fui yo...

EL FORASTERO —No se ría.° Sé que fue usted. Es curioso. Cuando venía hacia aquí me figuraba que no iba a poder estar tranquilo ante Isaías Krappo. Me figuraba que iba a tratar de abalanzarme° sobre él y matarlo. Pero ahora estoy aquí y veo que ésa no es la solución. Y se me ocurren (*Sonríe nerviosamente.*) las más distintas y extraordinarias venganzas.

No... *Don't laugh*

throw myself on

ISAÍAS —Todo eso es una especie de° delirio suyo. No recuerdo nada de lo que dice. No tengo nada que temer.

especie... *sort of*

EL FORASTERO —Eso cree usted...

ISAÍAS —Ahora márchese de mi casa.

EL FORASTERO —Me voy a ir tranquilamente, sin apresurarme... si usted me lo permite... Y usted me lo va a permitir, porque no le conviene, de ningún modo le conviene, despedirme de mala forma. Usted ya sabe lo que ocurre. Tiene un mal enemigo vivo, desesperado y libre... completamente libre, por fin. Quizá esto le va a quitar el sueño.° No le prometo, amigo Krappo, no le prometo una larga vida... y hasta pienso que va a morir de mala forma y que sus últimos días van a ser bastante desagradables...

le va... will keep you awake

ISAÍAS —(*con voz metálica*) Márchese, márchese de aquí.

EL FORASTERO —A mí no me importa ya morir, ¿ve usted? Y, sin embargo, usted desea, fervientemente lo desea, vivir muchos años... ¿cuál de los dos es el que va a sufrir de aquí en adelante?... (*Ríe nerviosamente.*) Es hasta divertido pensarlo... Y ahora me retiro, señor. Esta noche puede dormir, se lo permito. (*Ríe.*) Buenas noches.

Díganos...

1. ¿Qué clase de persona es Isaías Krappo?
2. ¿Qué pasa mientras él está en la sala?
3. ¿Qué aspecto tiene el hombre que viene a hablar con Isaías?
4. ¿Por qué ha tenido que esperar mucho tiempo el forastero para hablar con Isaías?
5. ¿Cuánto tiempo ha estado en la cárcel y por qué?
6. ¿A qué distancia del pueblo ocurrió la tragedia que recuerda el forastero? Relate Ud. lo que ocurrió.
7. ¿A qué ha venido el forastero a casa de Isaías Krappo?
8. ¿Qué cosas le promete el forastero a Isaías?
9. ¿Por qué va a sufrir más Isaías que el forastero de aquí en adelante?
10. ¿Por qué decide el forastero no matar inmediatamente a Isaías?

VOCABULARIO

NOMBRES

el **auxilio**, la **ayuda**   help
la **cajetilla**   pack (*of cigarettes*)
el **cigarrillo**   cigarette
la **cosa**   thing
el **hielo**   ice
la **pareja**   couple
el **recado, mensaje**   message
el **sindicato**   union
el (la) **vendedor(a)**   salesman, saleswoman

VERBOS

apresurarse   to hurry up, to hasten
descansar   to rest
despedir (e → i)   to throw out
fumar   to smoke
merecer   to deserve
prometer   to promise
proporcionar   to supply

ADJETIVO

vivo(a)   alive

OTRAS PALABRAS Y
EXPRESIONES

a lo mejor   maybe
a primera hora   early in the
          morning
darle a uno la gana   to feel like
**de ningún modo, de ninguna
          manera**   (in) no way
falta de   lack of

no me importa   I don't care
ponerse colorado(a)   to blush
por poco   almost
tener la sartén por el mango   to
          have the upper hand
tomar una decisión   to make a
          decision
volverse loco(a)   to go crazy

Palabras y más palabras

Las palabras nuevas que aparecen en las dos selecciones... ¿forman ya parte
de su vocabulario? ¡Vamos a ver!

Dé el equivalente de las siguientes palabras o frases.

1. mensaje
2. paquete de cigarrillos
3. persona que vende
4. darse prisa
5. ayuda
6. que vive
7. ponerse rojo
8. temprano por la mañana
9. casi
10. de ninguna manera
11. hacer una promesa
12. agua en estado sólido
13. dar
14. tomar un descanso
15. decidir
16. no me preocupa
17. quizás
18. unión de trabajadores
19. dominar la situación
20. (hacer algo) porque uno quiere
21. ausencia de
22. objeto
23. perder la razón [*mind*]
24. ser digno de

Desde el punto de vista literario

Comente usted...

1. ¿A través de qué conocemos a los personajes de Elvira y Leoncio en la
   obra «La colmena»?

2. ¿Cuál es la atmósfera general de la selección (en el café, en la casa de Elvira)?
3. ¿Usa el autor el monólogo interior? ¿Con qué propósito?
4. ¿De qué forma contrasta el autor la realidad y la apariencia de lo que es Elvira?
5. ¿Hay ironía al final de la selección? ¿Cómo se consigue?
6. ¿Cuántos puntos de vista puede usted encontrar en la selección?
7. ¿Cree usted que hay crítica social en la obra de Cela? ¿En qué consiste?
8. ¿A qué género literario pertenece «La mordaza» y cómo la clasifica usted dentro de este género?
9. ¿Qué temas aparecen en la selección?
10. ¿Cómo es el lenguaje? ¿Poético? ¿Cotidiano?
11. ¿Qué sabemos sobre los acontecimientos [*happenings*] del pasado por medio del diálogo?
12. Compare usted el personaje de Isaías Krappo con el del forastero.
13. Explique usted de qué se vale Sastre para crear tensión en la escena.
14. Uno de los temas de Sastre es el de la libertad. ¿Cómo está expresada en la selección esta idea de Sastre?

Composición

Escriba una composición sobre la vida en las grandes ciudades. Analice los siguientes aspectos.

1. ventajas de vivir en una gran ciudad
2. desventajas de la vida urbana
3. conclusiones

PENSAMIENTOS DE HOMBRES ILUSTRES

Sobre la libertad

Mi único amor siempre ha sido el de la patria; mi única ambición su libertad.

Simón Bolívar (Venezuela: 1783–1830)

Libertad es el derecho que todo hombre tiene a ser honrado y a pensar y a hablar sin hipocresía.

José Martí (Cuba: 1853–1895)

8

GABRIELA MISTRAL   (Chile: 1889–1957)

Gabriela Mistral, cuyo verdadero nombre era Lucila Godoy, nació en Vicuña, Chile. Dejó una amplia obra, tanto en prosa como en verso, en la que se reflejan su bondad, su ternura y su amor por la humanidad. En 1945 recibió el Premio Nobel de Literatura, siendo el primer escritor hispanoamericano que recibía este honor. Entre sus libros de poemas podemos citar *Desolación*, su mejor obra, publicado en 1922; *Ternura*, donde muestra su inmenso amor por los niños; *Tala* y *Lagar*. Sus versos están llenos de una ternura sincera y, además del amor, que es el centro de su poesía, son temas constantes en ella, la soledad, la muerte y Dios.

Meciendo

El mar sus millares de olas
mece, divino
Oyendo a los mares amantes
mezo a mi niño

El viento errabundo° en la noche   *wandering*
mece los trigos.
Oyendo a los vientos amantes
mezo a mi niño

Dios Padre sus miles de mundos
mece sin ruido
Sintiendo su mano en la sombra
mezo a mi niño.

(De *Ternura*, 1924)

Díganos

Conteste las siguientes preguntas, basándose en el poema.

1. ¿A quién está dedicada esta poesía?
2. Mientras las poetisa mece a su niño, ¿qué mecen el mar y el viento?
3. ¿De quién siente la presencia la poetisa?

△ AMADO NERVO   (México: 1870–1919)

Amado Nervo fue uno de los poetas más conocidos de su tiempo. Dejó una enorme obra poética, en la que predominan los temas de la religión, la filosofía y el amor. Entre estos temas, es el amor el que aparece más frecuentemente. Su poesía presenta un amor puro y casto porque su pasión es más espiritual que carnal. Entre sus mejores libros de poemas están *Serenidad*, *La amada inmóvil* y *El arquero divino*.

En paz

Muy cerca de mi ocaso,° yo te bendigo, Vida   *setting sun*
porque nunca me diste ni esperanza fallida°   *unfulfilled*
ni trabajos injustos, ni pena inmerecida;°   **pena...** *undeserved*
   porque veo al final de mi rudo camino°   *sorrow*
que yo fui el arquitecto de mi propio destino;   **rudo...** *rough way*
que si extraje las mieles o la hiel° de las cosas,   *gall*
fue porque en ellas puse hiel o mieles sabrosas;
cuando planté rosales, coseché siempre rosas.
   ...Cierto, a mis lozanías° va a seguir el invierno: *youth*
¡mas° tú no me dijiste que mayo fuese eterno!   *but*
hallé sin duda largas las noches de mis penas;
mas no me prometiste tú sólo noches buenas;
y en cambio tuve algunas santamente serenas...
   Amé, fui amado, el sol acarició mi faz.°   *face*
   ¡Vida, nada me debes! ¡Vida, estamos en paz!

Díganos

Conteste usted las siguientes preguntas, basándose en el poema.

1. ¿Es un joven el que escribe este poema?
2. ¿Por qué bendice el poeta la vida?
3. ¿Qué ve el poeta al final de su camino?
4. ¿Por qué dice el poeta «a mis lozanías va a seguir el invierno»?
5. ¿Por qué dice el poeta «Vida, estamos en paz»?

GUSTAVO ADOLFO BÉCQUER   (España: 1836–1870)

Las rimas y las leyendas son lo más conocido de la obra de Bécquer. En sus *Rimas* —poemas sencillos y breves— vemos una poesía desnuda de artificios, de máxima condensación lírica. Los temas que reaparecen en su obra son tres: el amor, la soledad y el misterio, no solamente del destino humano sino de la poesía misma.

XI

   —Yo soy ardiente, yo soy morena,
yo soy el símbolo de la pasión;
de ansia de goces° mi alma está llena;   *enjoyment*
¿a mí me buscas? —No es a ti, no.

   Mi frente es pálida; mis trenzas° de oro;   *braids*
puedo brindarte dichas sin fin;
yo de ternura° guardo un tesoro;   *tenderness*
¿a mí me llamas? —No, no es a ti.

   —Yo soy un sueño, un imposible,
vano fantasma° de niebla y luz;   *ghost*
soy incorpórea, soy intangible;
no puedo amarte. —¡Oh, ven; ven tú!

XVII

Hoy la tierra y los cielos me sonríen;
hoy llega al fondo de mi alma el sol;
hoy la he visto, la he visto y me ha mirado...
¡Hoy creo en Dios!

Díganos

Conteste las siguientes preguntas, basándose en los poemas.

XI:
1. ¿Cómo describe el poeta a la primera mujer y qué simboliza ella?
2. ¿Cómo es la segunda mujer y qué puede brindarle al poeta?
3. ¿Por qué prefiere el poeta a la tercera mujer?

XVII:
¿Puede usted decir cómo se siente el poeta y por qué?

JOSÉ MARTÍ   (Cuba: 1853–1895)

José Martí dedicó su vida y su obra a la independencia de Cuba, donde murió en el campo de batalla en 1895. Es famoso no sólo como poeta y ensayista sino también como orador.

Martí es el creador de la prosa artística, que se caracteriza por la melodía, el ritmo y el uso de frases cortas, para expresar ideas muy profundas. Sus temas principales son la libertad, la justicia, la independencia de su patria y la defensa de los pobres, de los humildes y de los oprimidos. Entre sus obras poéticas figuran *Ismaelillo*, *Versos sencillos*, *Versos libres* y *Flores del destierro*.

De *Versos sencillos*[1]

Yo soy un hombre sincero
de donde crece la palma;
y antes de morirme quiero
echar° mis versos del alma.   *to pour out*

   Mi verso es de un verde claro,
y de un carmín encendido°   carmin... *bright red*
mi verso es un ciervo herido°   *wounded deer*
que busca en el monte amparo.

   Con los pobres de la tierra,
quiero yo mi suerte echar;°   mi... *share my*
el arroyo de la sierra   *destiny*
me complace más que el mar.

Díganos

Conteste las siguientes preguntas, basándose en los poemas.

1. ¿Cómo se describe el poeta en el primer poema?
2. ¿Qué nos dice Martí sobre sus versos?
3. Leyendo estos poemas, ¿qué sabemos sobre la personalidad del poeta?

---

[1]Los poemas que presentamos aquí son la letra de «Guantanamera».

ANTONIO MACHADO   (España: 1875–1939)

La poesía del sevillano Antonio Machado es de profunda espiritualidad. Su obra poética, que no es muy extensa, se concentra en ciertos temas esenciales: los recuerdos de su juventud, el amor, los paisajes de Castilla, Andalucía, España, y, sobre todo, el tiempo, la muerte y Dios. Sus obras más importantes son *Soledades; Soledades, galerías y otros poemas; Campos de Castilla* y *Nuevas canciones.*

XXIII

Caminante,° son tus huellas°   *Traveller / tracks*
el camino, y nada más;
caminante, no hay camino,
se hace camino al andar.
Al andar se hace camino,
y al volver la vista atrás°   **al...** *looking back*
se ve la senda° que nunca   *path*
se ha de volver a pisar.
Caminante, no hay camino,
sino estelas° en la mar.   *wakes of a ship*
        (De *Proverbios y cantares*)

Díganos

Conteste las siguientes preguntas, basándose en el poema.

1. ¿Qué representa el caminante?
2. ¿Qué representa el camino?
3. ¿A qué se refiere Antonio Machado cuando habla de la «senda que nunca se ha de volver a pisar»?

◁▽ FEDERICO GARCÍA LORCA   (España: 1898–1936)

Federico García Lorca es uno de los poetas españoles más conocidos en todo el mundo. Su poesía combina lo popular con lo artístico, lo intelectual con lo intuitivo, y lo tradicional con lo moderno. Crea así una poesía que es a la vez profundamente española y universal. Además de poeta, Lorca fue un gran dramaturgo, y tanto en su poesía como en su obra teatral el tema central es el amor violento y apasionado que conduce a la muerte. Entre sus obras teatrales más famosas figuran *Bodas de sangre*, *Yerma* y *La casa de Bernarda Alba*.

Canción del jinete°

rider

Córdoba.
Lejana° y sola.   *Far away*

Jaca° negra, luna grande,   *Nag*
y aceitunas en mi alforja.°   *saddlebag*
Aunque sepa los caminos
yo nunca llegaré a Córdoba.

Por el llano,° por el viento,   *plain*
jaca negra, luna roja.
La muerte me está mirando
desde la torres° de Córdoba.   *towers*

¡Ay qué camino tan largo!
¡Ay mi jaca valerosa!°   *brave*
¡Ay que la muerte me espera,
antes de llegar a Córdoba!

Córdoba.
Lejana y sola.
      (De *Canciones*)

Díganos

Conteste las siguientes preguntas, basándose en el poema.

1. ¿A dónde va el jinete?
2. ¿Cómo describe Lorca el ambiente?
3. ¿Por qué dice que nunca llegará a Córdoba?

ALFONSINA STORNI   (Argentina: 1892–1938)

Alfonsina Storni fue lo que hoy llamamos una feminista, una mujer de ideas liberales que luchó contra los prejuicios y las convenciones sociales de su época por conseguir una mayor libertad para la mujer. Su poesía es a veces torturada, intelectual y de ritmos duros. En ella se reflejan la inquietud de su vida y su idea de que la mujer, a pesar de ser igual que el hombre, vive en una especie de esclavitud con respecto a éste. El final de la vida de Alfonsina Storni fue trágico; al saber que tenía cáncer, escribió una breve composición poética que tituló «Voy a morir» y se suicidó arrojándose al mar. Entre sus libros de poemas podemos citar *El dulce daño*; *Ocre*, considerado por muchos críticos como el mejor; *Mundo de siete pozos*; y *Mascarilla y trébol*.

Cuadrados y ángulos

Casas enfiladas,° casas enfiladas,　　　　　　　　　　　　　　　*in a line*
casas enfiladas,
cuadrados, cuadrados, cuadrados,
casas enfiladas.
Las gentes ya tienen el alma cuadrada,
ideas en fila°　　　　　　　　　　　　　　　　　　　　　　　*in a row*
y ángulo en la espalda;
yo misma he vertido° ayer una lágrima,　　　　　　　　　　　*have shed*
Dios mío, cuadrada.

(De *El dulce daño*)

Díganos

Conteste las siguientes preguntas, basándose en el poema.

1. Según la poetisa, ¿cómo es el alma de la gente?
2. ¿Cómo ve el mundo la poetisa?
3. ¿Qué crítica hace Alfonsina Storni en su poema?

Hombre pequeñito

Hombre pequeñito, hombre pequeñito,
Suelta a tu canario que quiere volar...
Yo soy el canario, hombre pequeñito,
déjame saltar.

Estuve en tu jaula, hombre pequeñito,
hombre pequeñito que jaula me das.
Digo pequeñito porque no me entiendes,
ni me entenderás.

Tampoco te entiendo, pero mientras tanto
ábreme la jaula que quiero escapar;
hombre pequeñito, te amé media hora,
no me pidas más.

(De Irremediablemente)

Díganos

Conteste las siguientes preguntas, basándose en el poema.

1. ¿Con qué se compara la poetisa en este poema?
2. ¿Cómo se ve, en este poema, la idea de la autora, de que la mujer está en una posición de esclavitud con respecto al hombre?

VOCABULARIO

NOMBRES

el **amparo**   shelter
el **arroyo**   brook
la **campana**   bell
Dios   God
el **final**, el **fin**   end
el **fondo**   depth
la **jaula**   cage
la **lágrima**   tear
la **luna**   moon
la **miel**   honey
la **sombra, oscuridad**   darkness,
    shadows

VERBOS

aguardar, esperar   to wait for
amar   to love

bendecir   to bless
complacer   to please
cosechar   to harvest
crecer   to grow
hallar, encontrar (o → ue)   to find
pisar   to step, to walk
saltar   to jump
soltar (o → ue)   to let go

ADJETIVOS

injusto(a)   unfair

OTRAS PALABRAS Y EXPRESIONES

estar en paz   to be even
mientras tanto   in the meantime

Palabras y más palabras

Las palabras nuevas que aparecen en los poemas... ¿forman ya parte de su vocabulario? ¡Vamos a ver!

Dé las palabras equivalentes a lo siguiente.

1. objeto donde ponemos un pájaro
2. esperar
3. encontrar
4. río pequeño
5. querer
6. el fin
7. refugio, protección
8. dar una bendición
9. riqueza acumulada
10. profundidad
11. opuesto de *justo*
12. lo que sale de los ojos cuando se llora
13. ser omnipotente
14. aumentar de tamaño
15. no deberse nada el uno al otro
16. satélite de la tierra
17. poner el pie en el suelo
18. hacer algo para satisfacer a alguien
19. dejar libre
20. oscuridad

Desde el punto de vista literario

Comente usted...

1. ¿Qué metáforas usa Martí para describir su poesía?
2. ¿Utiliza Martí el verso libre o sigue una rima específica?
3. ¿Cuál es el estribillo de «Canción del jinete» y qué logra el poeta al usarlo?
4. ¿Cómo usa Lorca el ambiente para dar énfasis al tema de su poema? Dé ejemplos.
5. ¿Qué símbolos usa Lorca para representar a la muerte?
6. «Cuando planté rosales, coseché siempre rosas...» Explique esta idea.
7. ¿Qué símbolos usa Alfonsina Storni en su poema «Hombre pequeñito» para expresar la idea de la falta de libertad?

Basándose en los diferentes poemas presentados en la lectura, haga los siguientes ejercicios.[1]

A. Busque usted en los poemas ejemplos de:

1. aliteración
2. asonancia
3. encabalgamiento
4. personificación
5. consonancia
6. ritmo
7. versos amétricos
8. versos métricos
9. estrofa

---

[1]Antes de hacerlos, repase los términos literarios que aparecen en el Apéndice Literario.

B. Clasifique los siguientes versos de acuerdo con su medida (trisílabo, tetrasílabo, pentasílabo, hexasílabo, heptasílabo, octosílabo, eneasílabo, decasílabo, endecasílabo, dodecasílabo, alejandrino).

1. lleva el romero
2. y ángulo en la espalda
3. caminante, no hay camino

C. En los siguientes versos, marque los ejemplos de sinalefa.

1. se hace camino al andar
2. de ansias de goces mi alma está llena

D. Señale el tema (o los temas) de cada uno de los poemas.

Actividad especial

Escoja Ud. el poema que más le guste y apréndaselo de memoria para recitarlo.

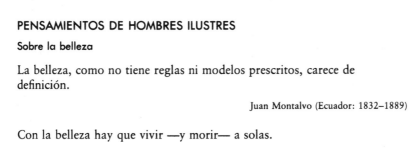

PENSAMIENTOS DE HOMBRES ILUSTRES

Sobre la belleza

La belleza, como no tiene reglas ni modelos prescritos, carece de definición.

Juan Montalvo (Ecuador: 1832–1889)

Con la belleza hay que vivir —y morir— a solas.

Juan Ramón Jiménez (España: 1881–1958)

⊿ GUSTAVO ADOLFO BÉCQUER   (España: 1836–1870)   Λ

LIII

Volverán las oscuras golondrinas°
en tu balcón sus nidos° a colgar,
y otra vez con el ala° a sus cristales
 jugando llamarán;
 pero aquéllas que el vuelo refrenaban
tu hermosura° y mi dicha al contemplar,
aquéllas que aprendieron nuestros nombres,
 ¡ésas... no volverán!
 Volverán las tupidas madreselvas°
de tu jardín las tapias° a escalar,
y otra vez a la tarde, aún más hermosas,
 sus flores se abrirán,
 pero aquéllas cuajadas de rocío,°
cuyas gotas mirábamos temblar
y caer, como lágrimas del día...
 ¡ésas... no se abrirán!
 Volverán del amor en tus oídos
las palabras ardientes° a sonar;
tu corazón de su profundo sueño
 tal vez despertará;
 pero mudo y absorto y de rodillas,°
como se adora a Dios ante un altar,
como yo te he querido... desengáñate,°
 ¡así no te querrán!

   (De *Rimas y leyendas*)

swallows

nests

wing

beauty

tupidas... *thick
honeysuckles*

walls

cuajadas... *covered
with dew*

burning

de... *on one's knees*

*don't deceive
yourself*

Díganos

Conteste las siguientes preguntas, basándose en el poema.

1. ¿Qué harán otra vez las golondrinas?
2. ¿De qué plantas habla el poeta?
3. ¿Cómo expresa el poeta su amor?

◁△ AMADO NERVO   (México: 1870–1919)

¡Amemos!

Si nadie sabe ni por qué reímos
ni por qué lloramos;
si nadie sabe ni por qué venimos
ni por qué nos vamos;
si en un mar de tinieblas° nos movemos,   *darkness*
si todo es noche en rededor° y arcano,°   *around / secret*
¡a lo menos amemos!
¡Quizás no sea en vano!

(De *Serenidad*)

Díganos

Conteste las siguientes preguntas, basándose en el poema.

1. Según el poeta, ¿cuál es la situación del hombre en este mundo?
2. ¿Cómo describe el mundo?
3. ¿Ofrece el autor una posible solución? ¿Cuál?

JOSÉ SANTOS CHOCANO   (Perú: 1875–1934)

La mayor ambición de este poeta peruano fue la de ser considerado «el cantor de América». El mundo americano es, pues, el tema central de su poesía. Entre sus obras principales figuran *Cantos del Pacífico, Fiat Lux* y *Oro de Indias*. El poema que ofrecemos a continuación es de tono más bien meditativo, y es uno de los mejores del autor.

Nostalgia

Hace ya diez años
que recorro el mundo.
¡He vivido poco!
¡Me he cansado mucho!

Quien vive de prisa no vive de veras:
quien no echa raíces no puede dar frutos.
Ser río que corre, ser nube que pasa,
sin dejar recuerdo ni rastro° ninguno,   *track*
es triste; y más triste para quien se siente
nube en lo elevado, río en lo profundo.

· · ·

Estoy en la orilla
   de un sendero abrupto.
Miro la serpiente de la carretera
que en cada montaña da vueltas a un nudo;°   *knot*
y entonces comprendo que el camino es largo,
   que el terreno es brusco,
   que la cuesta es ardua,°   *difficult*
   que el paisaje es mustio°...   *parched*
¡Señor! ya me canso de viajar, ya siento
nostalgia, ya ansío° descansar muy junto   *long*
de los míos... Todos rodearán mi asiento
para que les diga mis penas° y triunfos;   *grief*
y yo, a la manera del que recorriera
un álbum de cromos, contaré con gusto
las mil y una noches de mis aventuras
y acabaré con esta frase de infortunio.°   *misfortune*
      —¡He vivido poco!
        ¡Me he cansado mucho!

(De *Fiat Lux*)

Díganos

Conteste las siguientes preguntas, basándose en el poema.

1. ¿Por qué dice el poeta que «quien vive de prisa no vive de veras»?
2. Al contemplar la vida, ¿qué descubre el poeta?
3. ¿Qué imagina el poeta que ocurrirá cuando esté con los suyos?
4. ¿Cómo terminará el poeta la narración de sus aventuras?

JUAN RAMÓN JIMÉNEZ   (España: 1881–1958)

Juan Ramón Jiménez nació en Moguer. Su poesía, al evolucionar, pasa de lo subjetivo sentimental a lo objetivo y finalmente a lo filosófico metafísico, en su búsqueda de la «poesía pura». Su mayor preocupación es la estética. Su obra es muy numerosa y el poeta trata constantemente de depurarla. Merecen citarse entre sus obras más importantes *Poesías escojidas*,[1] *Segunda antolojía poética, Canción y Tercera antolojía.* Una de sus obras más logradas es un libro de prosa poética titulado *Platero y yo.* En 1958, poco antes de morir, recibió el Premio Nobel de Literatura.

El viaje definitivo

...Y yo me iré. Y se quedarán los pájaros cantando;
Y se quedará mi huerto, con su verde árbol,
y con su pozo blanco.
 Todas las tardes, el cielo será azul y plácido;
y tocarán, como esta tarde están tocando,
las campanas del campanario.°   *bell tower*
 Se morirán aquéllos que me amaron;
y el pueblo se hará nuevo cada año;
y en el rincón aquel de mi huerto florido y encalado,°   *whitewashed*
mi espíritu errará° nostáljico...   *will wander*
 Y yo me iré; y estaré solo, sin hogar, sin árbol
verde, sin pozo blanco,
sin cielo azul y plácido...
Y se quedarán los pájaros cantando.

(De Segunda antolojía poética)

Díganos

Conteste las siguientes preguntas, basándose en el poema.

1. Según el poema, ¿qué quedará después de la muerte del poeta?
2. ¿Quedará algo del poeta en el lugar que tanto ama?
3. ¿Cuáles son las cosas que el poeta ama?

---

[1]Juan Ramón Jiménez usaba la j en vez de la g.

△ FEDERICO GARCÍA LORCA   (España: 1898–1936)   △

Es verdad

¡Ay qué trabajo me cuesta°   qué... *how hard it is*
quererte como te quiero!

    Por tu amor me duele el aire,
el corazón
y el sombrero.

    ¿Quién me compraría a mí,
este cintillo° que tengo   *hat band*
y esta tristeza de hilo°   *linen*
blanco, para hacer pañuelos?

    ¡Ay qué trabajo me cuesta
quererte como te quiero!

                    (De *Canciones*)

Díganos

Conteste las siguientes preguntas, basándose en el poema.

1. ¿Qué es muy difícil para el poeta?
2. ¿Es feliz el poeta? ¿Por qué?
3. ¿Qué le duele al poeta por el amor de su amada?

PEDRO SALINAS   (España: 1891–1952)

Aunque se hizo conocer principalmente como poeta, también escribió ensayos y teatro. Su primer libro de poemas fue titulado *Presagios* (1932). En 1933 publicó *La voz a ti debida* y en 1936 *Razón de amor*. Su poesía es íntima y escueta, reduciéndose a veces a lo mínimo y en ella canta magistralmente la realidad del amor.

[Para vivir...]

Para vivir no quiero
islas, palacios, torres.
¡Qué alegría más alta:
vivir en los pronombres!

Quítate ya los trajes,
las señas,° los retratos;   *marks*
yo no te quiero así,
disfrazada° de otra,   *disguised*
hija siempre de algo.

Te quiero pura, libre,
irreductible: tú.
Sé que cuando te llame
entre todas las gentes
del mundo,
sólo tú serás tú.
Y cuando me preguntes
quién es el que te llama,
el que te quiere suya,
enterraré los nombres,
los rótulos,° la historia.   *labels*

Iré rompiendo todo
lo que encima me echaron°   *they threw on me*
desde antes de nacer.
Y vuelto° ya al anónimo   *returned*
eterno del desnudo,
de la piedra, del mundo,
te diré:
«Yo te quiero, soy yo».

      (De *La voz a ti debida*)

Díganos

Conteste las siguientes preguntas, basándose en el poema.

1. Según el poeta, ¿qué cosas no se necesitan para vivir?
2. ¿Cuáles son los únicos pronombres que le importan al poeta?
3. ¿De qué quiere liberarse el poeta?

JUANA DE IBARBOURU   (Uruguay: 1895–1979)

Esta poetisa fue llamada «Juana de América» por la pureza de sus poemas. Se ha dicho que su obra poética pasa por los ciclos orgánicos de nacimiento, juventud, madurez y vejez. De sus libros —*Las lenguas de diamante* (1919), *Raíz salvaje* (1920), *La rosa de los vientos* (1930) y *Oro y tormenta* (1956)— se desprende un cierto narcisismo y una deliciosa feminidad, especialmente en *Las lenguas de diamante*, considerado su mejor creación. De este poemario es el soneto que presentamos a continuación.

Rebelde

Caronte:[1] yo seré un escándalo en tu barca.°	barge
Mientras las otras sombras recen, giman,° o lloren,	moan
y bajo tus miradas de siniestro patriarca	
las tímidas y tristes, en bajo acento, oren,	
yo iré como una alondra,° cantando por el río	lark
y llevaré a tu barca mi perfume salvaje,°	wild
e irradiaré en las ondas° del arroyo sombrío	waves
como una azul linterna que alumbrará° en el viaje.	will light
Por más que tú no quieras, por más guiños° siniestros	winks
que me hagan tus dos ojos, en el terror maestros,	
Caronte, yo en tu barca seré como un escándalo.	
Y extenuada de sombra, de valor y de frío,	
cuando quieras dejarme a la orilla del río	
me bajarán tus brazos cual conquista de vándalo.	

(De *Las lenguas de diamante*)

---

[1]Barquero de los infiernos, que pasaba en su barca, por la laguna Estigia, las almas° de los muertos.   *souls*

Díganos

Conteste las siguientes preguntas, basándose en el poema.

1. ¿Quién es Caronte y qué representa?
2. ¿Qué diferencia habrá entre la actitud de la poetisa y la de las otras almas?

PABLO NERUDA   (Chile: 1904–1973)

Neruda está considerado como uno de los más grandes poetas del siglo XX. Su obra ha sido traducida a numerosos idiomas y ha tenido una gran influencia en la poesía moderna. Entre sus libros más conocidos están *Veinte poemas de amor y una canción desesperada* (1924), *España en el corazón* (1937) y *Canto general* (1950). La temática de su poesía evoluciona de la preocupación por el amor a los temas políticos. En 1971 Neruda obtuvo el Premio Nobel de Literatura.

Farewell *(Fragmento)*

1

Desde el fondo de ti,° y arrodillado,
un niño triste, como yo, nos mira.
Por esa vida que arderá en sus venas
tendrían que amarrarse° nuestras vidas.
Por esas manos, hijas de tus manos,
tendrían que matar las manos mías.
Por sus ajos abiertos en la tierra
veré en los tuyos lágrimas un día.

desde... deep inside of you

to join

2

Yo no lo quiero, Amada.
Para que nada nos amarre
que no nos una nada.
Ni la palabra que aromó° tu boca,
ni lo que no dijeron tus palabras.
Ni la fiesta de amor que no tuvimos
ni tus sollozos° junto a la ventana.

perfumed

sobs

3

(Amo el amor de los marineros°
que besan y se van.
Dejan una promesa.
No vuelven nunca más.
En cada puerto una mujer espera,
los marineros besan y se van.
Una noche se acuestan con la muerte
en el lecho° del mar.)
Yo me voy. Estoy triste; pero siempre estoy triste.

sailors

bed

Vengo desde tus brazos. No sé hacia donde voy.
...Desde tu corazón me dice adiós un niño.
Y yo le digo adiós.

(De *Crepusculario*)

Díganos

Conteste las siguientes preguntas, basándose en el poema.

1. ¿Qué actitud tiene el poeta hacia el hijo que va a nacer?
2. ¿Por qué no quiere tener un niño con su amada?
3. ¿Qué dice el poeta sobre el amor de los marineros?
4. ¿Cómo se siente el poeta al despedirse de su amada?

VOCABULARIO

NOMBRES

la **cuesta** hill
la **dicha, felicidad** happiness
la **linterna** lantern, flashlight
la **orilla** edge
el **pañuelo** handkerchief
el **pozo** well
el **puerto** port
la **raíz** root
el **sendero** path
el **terreno** land
la **tristeza** sadness

VERBOS

alejarse to get away
arder to burn
recorrer to travel, to go around
rezar, orar to pray

rodear to surround
unir to join, to unite

ADJETIVOS

arrodillado(a) on his (her) knees
desnudo(a) naked, nude
dormido(a) asleep
extenuado(a), exhausto(a)
       exhausted
oscuro(a) dark
triste sad

OTRAS PALABRAS Y EXPRESIONES

de veras really
en vano in vain
por más que even if

Palabras y más palabras

Las palabras nuevas que aparecen en los poemas... ¿forman ya parte de su vocabulario? ¡Vamos a ver!

Complete las siguientes oraciones, usando las palabras del vocabulario.

1. Está muy oscuro. Necesito una _____.
2. Todo el esfuerzo de los bomberos fue en _____; la casa _____ completamente.

3. Desde el _____ veo alejarse los barcos.
4. Sacábamos agua del _____ que había en el huerto.
5. Después de subir la _____, todos estábamos _____.
6. Por el estrecho _____ cubierto de polvo, llegamos a la _____ del río.
7. ¡De _____! Pensamos _____ toda la ciudad en automóvil.
8. El _____ que rodea la casa es muy grande.
9. La parte del árbol que está dentro de la tierra es la _____.
10. La _____ es más importante que el dinero.
11. El niño está arrodillado porque siempre _____ antes de acostarse.
12. Por _____ que lo niegues, sé que me quieres.
13. Le cubrió la herida con un _____.
14. El «Golden Gate» _____ San Francisco con Oakland.

Desde el punto de vista literario

Comente usted...

1. ¿Qué imágenes usa Bécquer para dar énfasis al tema de su poema «LIII»?
2. ¿Qué contrastes establece Bécquer en su poema?
3. ¿Cuál es la función del estribillo en el poema «Nostalgia»?
4. ¿Ve Ud. un mensaje en el poema «Nostalgia»? ¿Cuál es?
5. ¿En qué forma expresa Juan Ramón Jiménez la idea de que después de su muerte la vida continúa?
6. Estudiando el poema de Juana de Ibarbouru, señale las características del soneto.
7. ¿De qué modo expresa Pablo Neruda su deseo de ser totalmente libre en su poema «Farewell»?

Basándose en los diferentes poemas presentados en la lectura, haga los siguientes ejercicios.

A. Busque Ud. en los poemas ejemplos de:

1. aliteración   3. consonancia   5. metáforas
2. asonancia   4. encabalgamiento   6. símil

B. Clasifique los siguientes versos de acuerdo con su medida.

1. Lo que encima me echaron
2. Por tu amor me duele el aire
3. Y bajo tus miradas de siniestro patriarca

C. En los siguientes versos, marque los ejemplos de sinalefa.

1. yo iré como una alondra, cantando por el río
2. y tocarán como esta tarde están tocando.
3. si todo es noche en rededor y arcano,

D. Señale el tema (o los temas) de cada uno de los poemas.

Composición

Basándose en las ideas expresadas por José Santos Chocano en el poema
«Nostalgia», escriba una composición sobre lo que significa para usted la
verdadera felicidad.

Plan de trabajo

1. Introducción
    Exprese su preferencia entre una vida tranquila en un mismo lugar, o
    una vida activa, viajando y viviendo en diferentes lugares.
2. Desarrollo
    a. Ventajas de vivir en un mismo lugar:
       (1) amigos
       (2) la familia
       (3) costumbres y tradiciones
    b. Ventajas de viajar y vivir en varios lugares:
       (1) conocer nuevos países
       (2) ampliar su círculo de amigos
       (3) ver cómo vive la gente en otros lugares
       (4) enriquecimiento cultural
3. Conclusión
    Razones por las cuales usted prefiere un tipo de vida u otra

---

PENSAMIENTOS DE HOMBRES ILUSTRES

Sobre el lenguaje

Juzgo importante la conservación de la lengua de nuestros padres en su
posible pureza.

Andrés Bello (Venezuela: 1781–1865)

El lenguaje, para ser puro, ha de tener[1] la primera cualidad del cristal: la
transparencia.

Enrique José Varona (Cuba: 1849–1893)

---

[1]must have

RAFAEL SÁNCHEZ FERLOSIO   (España: 1927–   )

Aunque Rafael Sánchez Ferlosio sólo ha escrito dos obras —*Industrias y andanzas de Alfanhuí* (1950) y *El Jarama* (1956)—, sobresale como uno de los grandes escritores del siglo XX.

Su primera obra es una novela en la que narra las andanzas[1] de un niño por distintos pueblos de España. En ella se mezclan la realidad del paisaje español y la fantasía de las aventuras.

En *El Jarama,* del cual presentamos una selección, el autor usa la técnica «testimonial», que consiste en representar objetivamente sucesos[2] de la vida cotidiana. En la novela no hay protagonista y la trama es mínima. Los personajes son presentados a través del diálogo. Todo ocurre un domingo cuando un grupo de jóvenes va a pasar el día a orillas del río Jarama.

El Jarama *(Selección adaptada)*

—Anda, cuéntame algo, Tito.

—Que te cuente ¿qué?

—Hombre, algo, lo que quieras, mentiras, es lo mismo. Algo que sea interesante.

—¿Interesante? Dudo que pueda contarte nada, qué idea. ¿De qué tipo? ¿Qué es lo interesante para ti, vamos a ver?

—Tipo aventuras, por ejemplo, tipo amor.

—¡Ay!, amor, —sonreía— ¿Y de qué amor? Hay muchos amores distintos.

—De los que tú quieras. Con tal que sea emocionante.°   *thrilling*

—Pero yo no sé contar cosas románticas, mujer, ¿de dónde quieres que las saque? Para eso te compras una novela.

—¡Bueno! Hasta aquí estoy ya de novelas, hijo mío. Ya he leído bastantes novelas. Además eso ahora, ¿qué importa? Yo quería que me contaras tú algo interesante, aquí en este momento.

Tito estaba sentado, con la espalda contra un árbol; miró al suelo,° hacia   *ground*
Lucita que estaba tumbada° a su izquierda; apenas le veía lo blanco de los   *lying down*
hombros, sobre la lana negra del traje de baño y los brazos unidos por detrás
de la nuca.°   *nape*

—¿Y quieres que yo sepa contarte lo que no viene en las novelas? —le dijo—. ¿Qué me vas a pedir? ¿Ahora voy a tener más fantasía que los que las escriben? ¡Entonces no estaría trabajando en una tienda!

—Por hacerte hablar, ¿qué más da?,° no cuentes nada. Pues todas las   *que... who cares*

---

[1]adventures / [2]happenings

novelas traen lo mismo; tampoco se rompen la cabeza, unas veces Ella es rubia y Él es moreno, y otras Ella es morena y Él es rubio; no tienen casi variación...

Tito se reía:

—¿Y pelirrojos nada? ¿No hay ningún pelirrojo?

—¡Qué tonto eres! Una novela que tenga un pelirrojo, qué cosa más desagradable... Si fuera Ella...

—Pues es un pelo bien bonito —se volvía a reír—. ¡Pelo zanahoria!

—Bueno, no te rías más, para ya de reírte. Déjate de eso, anda, escucha, ¿me quieres escuchar?

—Mujer, ¿también te molesta que me ría?

Lucita se incorporaba;° quedó sentada junto a Tito; le dijo: *se... was sitting up*

—Que no, si no es eso, es que ya te has reído, ahora a otra cosa. No quería interrumpirte, sólo que tenía ganas de cambiar. Vamos a hablar de otra cosa.

—¿De qué?

—No lo sé, de otra cosa. Tito, de otra cosa, de lo que quieras. Oye, déjame un poco de árbol. No, pero tú no te vayas; cabemos, cabemos los dos juntos.

Se apoyó° contra el árbol, a la izquierda de Tito, hombro con hombro;   *se... she leaned*
dijo él:

—¿Estás ya bien así?

—Sí, Tito, estoy muy bien. Es que yo creo que tumbada me mareaba más. Así estoy mucho mejor —le dio unos golpecitos en el brazo—. Hola.

Tito la miró:

—¿Qué?

—Te saludaba... Estoy aquí.

—Ya te veo.

—Oye, y no me has contado nada. Tito, parece mentira. No has sido capaz de contarme algún cuento para que yo te escuche. Me gusta estar escuchando y que me cuenten y cuenten. Los hombres siempre contáis unas cosas mucho más largas. Yo os envidio lo bien que contáis. Bueno, a ti no. O sí. Porque estoy segura de que tú sabes contar cosas estupendas cuando quieres. Se te nota en la voz.

—Pero ¿qué dices?

—Tienes la voz para eso. Tienes una voz muy bonita. Aunque hablaras   *Chinese*
en chino° y yo no te entendiera me gustaría escucharte contar.

—Dices cosas muy raras, Lucita —la miró sonriendo.

—¿Raras? Pues bueno, si tú lo dices lo serán. Yo también estoy rara esta   *no... it doesn't shock me*
noche, y lo veo todo raro a mi alrededor, así que no me choca° si digo cosas
raras; cada uno hace lo que puede, ¿no crees? ¡Demasiado hago ya con un   *merry-go-round*
tiovivo° metido en la cabeza...!

—Pues lo llevas muy bien, estás muy simpática esta noche.

—¿Esta noche? Sí, claro, porque he bebido un poco, simpatía prestada.   *vuelta... back to the same thing*
Cuando se pase, se acabó. En cuanto baje el vino, vuelta a lo de siempre,°

no nos hagamos ilusiones. ¡Ay, ahora qué mareo tengo! Creo que es el tiovivo que se pone en marcha ¡Qué horror, qué de vueltas, qué mareo ahora de pronto!

    se... is starting

    —¿Mucho? —Tito se había acercado más a ella poniéndole el brazo encima de los hombros—. Ven, anda, recuéstate contra mí.

    —No, no, déjame, Tito, se pasa, pasa en seguida, no merece la pena, es como el oleaje;° viene y se va, viene y se va...

    succession of waves

    —Tú recuéstate, mujer, ven.

    —¡Déjame!, estoy bien aquí, ¿por qué insistes?, ¡estoy bien como estoy...!

Se cubría los ojos y la frente con las manos. Tito dijo:

    —Lo decía por tu bien, Lucita. Vamos, ¿se te pasa el mareo? —le ponía una mano en la nuca y le acariciaba° el pelo—. ¿Te sientes mejor? ¿No quieres que te moje un pañuelo en el río? Eso te alivia, ¿voy?

    caressed

    Lucita negó con la cabeza.

    —Bueno, como tú quieras. ¿Ya estás bien?

    Ella no dijo nada; giró la cabeza y puso la mejilla° contra la mano que la acariciaba, y deslizó° la cara por todo el brazo hasta esconderla en el cuello de Tito. Lo tenía abrazado y se hizo besar.

    cheek
    slid

    —Soy una fresca,° ¿verdad, Tito?, dirás que soy una fresca.

    —A mí no me preguntes.

    fresh

    —Es culpa tuya... Me dices, recuéstate en mí, me lo repites, ¿ves ahora?, ¿no sabías cómo estoy esta noche?, pues ya me tienes, ya estoy recostada, ¿no ves lo que ocurre?... ¿Qué me habrás dado tú a mí? Oye, otra vez.

    Volvieron a besarse y luego Lucita de pronto lo rechazó° violentamente, y se tiró en el suelo. Se puso a llorar.

    pushed away

    —Pero Lucita, ¿qué te pasa ahora?

    Tenía la cara escondida entre las manos. Tito se había agachado° sobre ella y la cogía por un hombro.

    bent over

    —Déjame, déjame, vete.

    —Dime lo que te ocurre, mujer, ¿qué te ha pasado así de pronto?

    —Déjame ya, tú no tienes la culpa, tú no me has hecho nada, soy yo..., soy yo la única que tiene la culpa, la que ha hecho el ridículo, el ridículo...

Su voz sonaba rabiosa entre el llanto.

    —Pero yo no te entiendo, mujer, ¿de qué ridículo me hablas?

    —¿Y más ridículo quieres? ¿Te crees que yo no sé lo que te importo? ¡Ay, qué vergüenza tengo, qué vergüenza tan grande!... olvídate de esto, Tito, por lo que más quieras°... me escondería, me querría esconder...

    por... for heaven's sake

    Se calló y continuaba llorando bocabajo,° con la cara oculta. Tito no dijo nada; tenía una mano en el hombro de ella.

    face down

Díganos...

1. ¿Qué quiere Lucita que haga Tito?
2. ¿Qué dice Lucita de las novelas?
3. ¿Por qué quiere Lucita recostarse contra el árbol?

4. ¿Por qué envidia Lucita a los hombres?
5. ¿Por qué dice Lucita que su simpatía es «prestada»?
6. ¿Qué hace Tito para tratar de consolarla y hacer que se sienta mejor?
7. ¿Por qué llora Lucita y dice que es una fresca?
8. ¿Cuál es la actitud de Tito frente a la actitud de su amiga?

FEDERICO GARCÍA LORCA   (España: 1898–1936)

Lorca, además de ser uno de los poetas españoles más conocidos mundialmente, fue un gran dramaturgo. Su carrera como autor teatral fue rápida y brillante. Tanto en la poesía de Lorca como en su obra teatral, el tema central es el amor violento y apasionado que conduce a la muerte. En sus obras dramáticas, la figura central es siempre la mujer, que simboliza la frustración amorosa o maternal.

Entre sus obras más famosas figuran *Bodas de sangre* (1933), *Yerma* (1934) y *La casa de Bernarda Alba* (1936). En esta última, que es la única totalmente escrita en prosa, el autor presenta el choque entre la voluntad de una madre dominante que trata de defender el honor familiar, y sus hijas, anhelantes de amor y de vida. En esta obra, como en las anteriormente citadas, el autor presenta el papel de la mujer en la España de su época.

La casa de Bernarda Alba

(*Selección adaptada*)

La obra comienza con los comentarios entre las criadas de la casa, del velorio°   wake
y entierro del esposo de Bernarda. A través de estas conversaciones, el autor
nos da a conocer el carácter° dominante de Bernarda, obsesionada por el qué   personality
dirán,° y la situación en que quedan ella y sus cinco hijas solteras: solamente   el... people's opinion
Angustias, la mayor, tiene dote,° y por lo tanto, a pesar de tener cuarenta   dowry
años y ser fea y enfermiza,° es la única que tiene probabilidades de casarse.   sickly*

En el primer acto se presenta ya a Pepe el Romano, único personaje mas-
culino. Aunque nunca aparece en escena, dicho personaje es el eje° central   center
de la obra, pues es la causa de una ola de celos, odios y envidias entre las
hermanas.

ACTO SEGUNDO

(Habitación del interior de la casa de Bernarda. Las puertas de la izquierda
dan a los dormitorios. Las hijas de Bernarda están sentadas en sillas bajas,
cosiendo. Magdalena borda.° Con ellas está Poncia [la criada].)   embroiders

ANGUSTIAS —Ya he cortado la tercera sábana.

MARTIRIO —Le corresponde a Amelia.

MAGDALENA —Angustias, ¿hay que poner también las iniciales de Pepe?

ANGUSTIAS —(*seca*) No.

MAGDALENA —(*a voces*)° Adela, ¿no vienes?   loudly

AMELIA —Estará acostada.

LA[1] PONCIA —Ésta tiene algo. La encuentro nerviosa, asustada como si tuviera una lagartija° entre los pechos.°   *lizard / breasts*

MARTIRIO —No tiene ni más ni menos que lo que tenemos todas.

MAGDALENA —Todas, excepto Angustias.

ANGUSTIAS —Yo me encuentro bien y al que le duela que reviente.°   *que... he can burst*

MAGDALENA —Desde luego que hay que reconocer que lo mejor que has tenido siempre es la figura y la delicadeza.°   *gentleness*

ANGUSTIAS —Afortunadamente, pronto voy a salir de este infierno.

MAGDALENA —¡Es posible que no salgas!

MARTIRIO —Dejad esa conversación.

ANGUSTIAS —Y además, ¡más vale onza en el arca que ojos negros en la cara![2]

MAGDALENA —Por un oído me entra y por otro me sale.

AMELIA —(*a Poncia*) Abre la puerta del patio para que nos entre un poco de aire. (*La criada lo hace.*)

MARTIRIO —Anoche no pude dormir por el calor.

AMELIA —Yo tampoco.

MAGDALENA —Yo me levanté a refrescarme. Había unas nubes negras de tormenta y hasta cayeron algunas gotas.

LA PONCIA —Era la una de la madrugada y había fuego en la tierra. También me levanté yo. Todavía estaba Angustias con Pepe en la ventana.

MAGDALENA —(*con ironía*) ¿Tan tarde? ¿A qué hora se fue?

ANGUSTIAS —Magdalena, ¿por qué preguntas si lo viste?

AMELIA —Se iría a eso de la una y media.

ANGUSTIAS —¿Sí? ¿Tú cómo lo sabes?

AMELIA —Lo oí toser y oí los pasos de su caballo.

LA PONCIA —Pero si yo lo oí irse a eso de las cuatro.

ANGUSTIAS —No sería él.

LA PONCIA —Estoy segura de que era él.

AMELIA —A mí también me pareció.

MAGDALENA —¡Qué cosa más rara! (*Pausa.*)

LA PONCIA —Oye, Angustias. ¿Qué fue lo que te dijo la primera vez que vino a tu ventana?

ANGUSTIAS —Nada. ¡Qué me iba a decir! Cosas de conversación.

MARTIRIO —Verdaderamente es raro que dos personas que no se conocen se vean de pronto en una reja y ya sean novios.

ANGUSTIAS —Pues a mí no me pareció raro.

AMELIA —A mí daría no sé qué.°   **A mí...** *I would feel funny about it*

ANGUSTIAS —No, porque, cuando un hombre viene a una reja ya sabe por los que van y vienen que se le va a decir que sí.

---

[1]Sometimes the definite article is used in front of a first name.
[2]It's better to have money saved up than to be beautiful.

MARTIRIO —Bueno: pero él te lo tendría que decir.

ANGUSTIAS —¡Claro!

AMELIA —(*curiosa*) ¿Y cómo te lo dijo?

ANGUSTIAS —Pues nada: ya sabes que ando detrás de ti; necesito una mujer buena, y ésa eres tú si me dices que sí.

AMELIA —¡A mí me darían vergüenza estas cosas!

ANGUSTIAS —Y a mí, pero hay que aceptarlas.

LA PONCIA —¿Y habló más?

ANGUSTIAS —Sí, siempre habló él.

MARTIRIO —¿Y tú?

ANGUSTIAS —Yo no pude decir nada. Casi se me salía el corazón por la boca. Era la primera vez que estaba sola de noche con un hombre.

MAGDALENA —Y un hombre tan guapo.

ANGUSTIAS —No tiene mal tipo.°   *no... he's not bad looking*

LA PONCIA —Esas cosas pasan entre personas educadas, que hablan y dicen y mueven la mano... La primera vez que mi marido Evaristo el Colín vino a mi ventana... Ja, ja, ja.

AMELIA —¿Qué paso?

LA PONCIA —Estaba muy oscuro. Lo vi venir y al llegar me dijo buenas noches. Buenas noches, le dije yo, y nos quedamos callados más de media hora. Me corría el sudor por todo el cuerpo. Entonces Evaristo se metió casi entre la reja y dijo con voz muy baja: ¡ven que te tiente!° (*Ríen todas. Amelia se levanta corriendo y espía por una puerta.*)   *ven... let me feel you*

AMELIA —¡Ay! Creí que llegaba nuestra madre.

MAGDALENA —¡Buenas nos hubiera puesto!° (*Siguen riendo.*)   **Buenas...** *She would have fixed us!*

AMELIA —Chiss... ¡Que nos van a oír!

LA PONCIA —Luego se portó bien. En vez de hacer otras cosas se dedicó a criar pájaros hasta que se murió. A vosotras que sois solteras os conviene saber de todos modos que el hombre a los quince días de boda deja la cama por la mesa y luego la mesa por la taberna y la que no se resigna se muere llorando en un rincón.

AMELIA —Tú lo aceptaste.

LA PONCIA —¡Yo fui más fuerte que él!

MARTIRIO —¿Es verdad que le pegaste algunas veces?

LA PONCIA —Sí, y casi lo dejo tuerto.°   *one-eyed*

MAGDALENA —¡Así debían ser todas las mujeres!

LA PONCIA —Yo he seguido el ejemplo de tu madre. Un día me dijo no sé qué cosa y le maté todos los pájaros. (*Ríen.*)

MAGDALENA —Adela, niña, no te pierdas esto.

AMELIA —Adela. (*Pausa.*)

MAGDALENA —Voy a ver. (*Entra.*)

LA PONCIA —Esa niña está mala.

MARTIRIO —Claro, casi no duerme.

LA PONCIA —Pues ¿qué hace?

MARTIRIO —¡Yo no sé lo que hace!

LA PONCIA —Mejor lo sabrás tú que yo, que duermes cerca de ella.

ANGUSTIAS —La envidia la come.

AMELIA —No exageres.

ANGUSTIAS —Se lo noto en los ojos. Parece una loca.

MARTIRIO —No habléis de locos. (*Sale Magdalena con Adela.*)

ADELA —Me siento mal.

MARTIRIO —(*con intención*) ¿Es que no has dormido bien anoche?

ADELA —Sí.

MARTIRIO —¿Entonces?

ADELA —(*fuerte*) ¡Déjame ya! ¡Yo hago con mi cuerpo lo que quiero!

MARTIRIO —¡Sólo es interés por ti!

ADELA —Interés o inquisición. ¿No estabais cosiendo? Pues seguid. ¡Quisiera ser invisible, pasar por las habitaciones sin que nadie me preguntara a dónde voy!

CRIADA —(*Entra.*) Bernarda os llama. Está el hombre de los encajes. (*Salen. Al salir, Martirio mira fijamente a° Adela.*)

ADELA —¡No me mires más! Si quieres te daré mis ojos que son frescos y mis espaldas para que te compongas° la joroba° que tienes, pero vuelve la cabeza cuando yo paso. (*Se va Martirio.*)

LA PONCIA —¡Adela! ¡Recuerda que es tu hermana y además la que más te quiere!

ADELA —Me sigue a todas partes. A veces entra en mi cuarto para ver si duermo. No me deja respirar. Y siempre, «¡qué lástima de cuerpo, que no vaya a ser para nadie!» ¡Y eso no! Mi cuerpo será de quien yo quiera.

LA PONCIA —(*con intención y en voz baja*) De Pepe el Romano. ¿No es eso?

ADELA —(*asustada*) ¿Qué dices?

LA PONCIA —Lo que digo, Adela.

ADELA —¡Calla!

LA PONCIA —¿Crees que no me he dado cuenta?

ADELA —¡Baja la voz!

LA PONCIA —¡Mata esos pensamientos!

ADELA —¿Qué sabes tú?

LA PONCIA —Las viejas vemos a través de las paredes. ¿A dónde vas de noche cuando te levantas?

ADELA —¡Ciega debías estar!

LA PONCIA —Con la cabeza y las manos llenas de ojos cuando se trata de lo que se trata. Por mucho que pienso no sé lo que quieres hacer. ¿Por qué te desvestiste con la luz encendida° y la ventana abierta al pasar Pepe el segundo día que vino a hablar con tu hermana?

mira... stares at

fix / hump

on

ADELA —¡No es verdad que yo hiciera eso!

LA PONCIA —No seas como los niños chicos. ¡Deja en paz a tu hermana y si Pepe el Romano te gusta te aguantas!° (*Adela llora.*) Además, ¿quién dice que no te puedes casar con él? Tu hermana Angustias es una enferma. Ésa se muere con el primer parto.° Es estrecha de cintura,° vieja, y no hay duda de que se morirá. Entonces Pepe hará lo que hacen todos los viudos en esta tierra: se casará con la más joven, la más hermosa, y ésa eres tú. Ten esperanza, olvídalo, lo que quieras, pero no vayas contra la ley de Dios.

te... resign yourself

delivery (of a baby)/ waist

Díganos...

1. Angustias dice: «Más vale onza en el arca que ojos negros en la cara». ¿Qué quiere decir con eso? ¿Confirma la actitud de Pepe el Romano este refrán?
2. ¿Qué comentarios hace la Poncia sobre Adela?
3. ¿Qué discrepancia existe entre Amelia y la Poncia en cuanto a la hora en que se marchó Pepe el Romano?
4. Cuando Pepe el Romano le habla a Angustias en la reja, ¿qué le dice?
5. Según la Poncia, ¿qué les conviene saber a las mujeres solteras?
6. ¿Qué sabemos de Adela y de Martirio?
7. ¿De qué acusa la Poncia a Adela?
8. ¿Cuál es la solución que la Poncia le sugiere a Adela?

VOCABULARIO

NOMBRES

los **celos**   jealousy
el **entierro**   burial
la **gota**   drop
el **infierno**   hell
la **lana**   wool
la **madrugada**   dawn
la **mentira**   lie
el **rincón**   corner (*i.e., in a room*)
la **sábana**   sheet

VERBOS

besar(se)   to kiss (*each other*)
intentar   to try, to attempt
marearse   to get dizzy

portarse, comportarse   to behave
recostarse (o → ue)   to lean, to lie down
toser   to cough

ADJETIVOS

asustado(a)   frightened
ciego(a)   blind
oculto(a)   hidden
rabioso(a)   furious
seco(a)   dry
soltero(a)   single

OTRAS PALABRAS Y EXPRESIONES

darle vergüenza a uno   to feel ashamed

de pronto   suddenly
dejar en paz   to leave alone
desde luego   of course
hacerse ilusiones   to dream
    (*figuratively*)

merecer (**valer**) la pena   to be
    worthwhile
por lo tanto   so
quedarse callado   to remain silent
tener ganas de   to feel like

Palabras y más palabras

Las palabras nuevas que aparecen en las selecciones, ¿forman ya parte de su
vocabulario? ¡Vamos a ver!
   Dé el equivalente de lo siguiente.

1. súbitamente
2. escondido
3. tener tos
4. donde vive el diablo
5. no hablar
6. persona que no ve
7. tratar
8. valer la pena
9. apoyarse en algo
10. opuesto de *verdad*
11. tener deseos de
12. que no se ha casado nunca
13. por supuesto
14. darse besos
15. esquina (en una habitación)
16. que tiene rabia
17. lo que sienten las personas celosas
18. de modo que
19. que tiene temor
20. soñar despierto
21. el comienzo del día
22. acción de enterrar
23. comportarse
24. no molestar
25. ropa de cama
26. material que usamos para hacer suéteres

Desde el punto de vista literario

Comente usted...

1. ¿De qué se vale el autor de «El Jarama» para presentar a sus personajes?
2. ¿A cuál de los personajes conocemos mejor en esta selección? ¿Por qué?
3. Hable de los conflictos emocionales de Lucita reflejados en el diálogo.
   Dé ejemplos.

4. ¿Qué temas encuentra usted en esta selección?
5. ¿Hay o no descripción de ambiente en esta selección? ¿Es necesaria?
6. ¿Hay un punto culminante? ¿Dónde está?
7. ¿Qué punto de vista usa el autor?
8. ¿Qué tipo de lenguaje usa el autor? ¿Cree usted que es adecuado? ¿Por qué?
9. ¿Cómo clasificaría usted la obra de Lorca? ¿Por qué?
10. ¿Cuál es el tema central de la obra y cuáles son los subtemas?
11. ¿Cómo es el lenguaje que usa Lorca en esta obra? Dé ejemplos.
12. Magdalena dice que había nubes negras de tormenta. ¿En qué sentido hay también una tormenta dentro de cada personaje?
13. ¿Cómo logra el autor presentar la tensión que existe entre los personajes? Dé ejemplos.
14. ¿Ve usted alguna relación entre el comportamiento de Adela y el hecho de que Pepe el Romano no se fue de la casa a la una y media sino a las cuatro y media?
15. ¿Cuál era el papel de la mujer en la época de Lorca según la obra?

Composición

Escriba una composición sobre el siguiente tema: *Mi novela favorita.*

Plan de trabajo

1. Introducción: Describa brevemente su novela favorita. Mencione el autor, título de la obra y dé una breve sinopsis de la trama.
2. Desarrollo: Explique por qué le gusta esta novela. Mencione los aspectos estilísticos, temáticos y linguísticos que más se destacan.
3. Conclusión: Indique por qué recomendaría la lectura de esta novela a otras personas.

PENSAMIENTOS DE HOMBRES ILUSTRES

Sobre la filosofía de la vida

Alegría en el dolor es la divisa[1] de los fuertes y el don[2] de los buenos.

José Vasconcelos (México: 1881–1959)

El sol quema con la misma luz con que calienta. El sol tiene manchas. Los desagradecidos no hablan más que de las manchas. Los agradecidos hablan de la luz.

José Martí (Cuba: 1853–1895)

---

[1]banner / [2]gift

ANA MARÍA MATUTE   (España: 1926–   )

Ana María Matute es una de las novelistas españolas más famosas de nuestra época. Nació en Barcelona en el año 1926 y comenzó a escribir desde muy joven; a los 17 años ya había terminado su primera novela, *Pequeño teatro*.

Su producción literaria es muy amplia y variada; entre sus novelas podemos citar, además de *Pequeño teatro*, *Los Abel* y *Primera memoria* y entre sus colecciones de cuentos *Historias de la Artámila* y *El arrepentido*. Ana María Matute ha recibido numerosos premios, entre ellos el premio Planeta, el Premio Nacional de Literatura, el premio Nadal y el premio Lazarillo.

El estilo de esta escritora es poético y vigoroso. La atmósfera de muchos de sus cuentos y novelas es trágica, siendo temas frecuentes en sus obras la muerte y la soledad.

El arrepentido

El café era estrecho y oscuro. La fachada principal daba a° la carretera y la posterior a la playa. La puerta que se abría a la playa estaba cubierta por una cortina de cañuelas,° bamboleada° por la brisa. A cada impulso sonaba un diminuto crujido,° como un pequeño entrechocar de huesos.°

Tomeu el Viejo estaba sentado en el quicio° de la puerta. Entre las manos acariciaba lentamente una petaca de cuero° negro, muy gastada. Miraba hacia más allá de la arena hacia la bahía. Se oía el ruido del motor de una barcaza° y el coletazo° de las olas contra las rocas. Una lancha vieja, cubierta por una lona,° se mecía blandamente, amarrada° a la playa.

—Así que es eso° —dijo Tomeu, pensativo. Sus palabras eran lentas y parecían caer delante de él, como piedras. Levantó los ojos y miró a Ruti.

Ruti era un hombre joven, delgado y con gafas. Tenía ojos azules, inocentes, tras los cristales.

—Así es —contestó. Y miró al suelo.

Tomeu escarbó° en el fondo de la petaca, con sus dedos anchos y oscuros. Aplastó una brizna° de tabaco entre las yemas de los dedos° y de nuevo habló, mirando hacia el mar:

—¿Cuánto tiempo me das?

Ruti carraspeó:°

—No sé... a ciencia cierta,° no puede decirse así. Vamos: quiero decir, no es infalible.

—Vamos, Ruti. Ya me conoces: dilo. Ruti se puso encarnado.° Parecía que le temblaban los labios.

—Un mes... acaso dos...

—Está bien, Ruti. Te lo agradezco, ¿sabes?... Sí; te lo agradezco mucho. Es mejor así.

Ruti guardó silencio.

—Ruti, —dijo Tomeu—. Quiero decirte algo: ya sé que eres escrupuloso,

daba... *faced*

fescue grass / *swaying*
creak / entrechocar... *rattling of bones*
opening
petaca... *leather tobacco pouch*
barge
lash
canvas / *moored*
Así... *So that's the way it is*

scratched
Aplastó... *He crushed a hunk*
yemas... *fingertips*

cleared his throat
a... *with certainty*

se... *went red*

pero quiero decirte algo, Ruti. Yo tengo más dinero del que la gente se figura:
ya ves, un pobre hombre, un antiguo pescador, dueño de un cafetucho° de *cheap café*
camino... Pero yo tengo dinero, Ruti. Tengo mucho dinero.

Ruti pareció incómodo. El color rosado de sus mejillas se intensificó:

—Pero, tío... yo... ¡no sé por qué me dice esto!

—Tú eres mi único pariente, Ruti —repitió el viejo, mirando ensoña-
doramente° al mar—. Te he querido mucho. *nostalgically*

Ruti pareció conmovido.

—Bien lo sé —dijo—. Bien me lo ha demonstrado siempre.

—Volviendo a lo de antes:° tengo mucho dinero, Ruti. ¿Sabes? No siempre *Volviendo... what I*
las cosas son como parecen. *was saying*

Ruti sonrió. (Acaso quiere hablarme de sus historias de contrabando.
¿Creerá que no lo sé? ¿Se figura, acaso, que no lo sabe todo el mundo?
¡Tomeu el Viejo! ¡Bastante conocido, en ciertos ambientes! ¿Cómo hubiera
podido costearme la carrera° de no ser así?) Ruti sonrió con melancolía. Le *costearme... pay for*
puso una mano en el hombro: *my schooling*

—Por favor, tío... No hablemos de esto. No, por favor... Además, ya he
dicho: puedo equivocarme. Sí: es fácil equivocarse. Nunca se sabe...

Tomeu se levantó bruscamente. La cálida brisa le agitaba los mechones° *hair*
grises:

—Entra, Ruti. Vamos a tomar una copa° juntos. *tomar... have a*
drink

Apartó con la mano las cañuelas de la cortinilla y Ruti pasó delante de
él. El café estaba vacío a aquella hora. Dos moscas° se perseguían, con gran *flies*
zumbido.° Tomeu pasó detrás del mostrador y llenó dos copas de coñac. Le *buzzing*
ofreció una:

—Bebe, hijo.

Nunca antes le llamó hijo. Ruti parpadeó° y dio un sorbito.° *blinked / sip*

—Estoy arrepentido —dijo el viejo, de pronto.

Ruti lo miró fijamente.

—Sí —repitió—. Estoy arrepentido.

—No le entiendo, tío.

—Quiero decir: mi dinero, no es un dinero limpio. No, no lo es.

Bebió su copa de un sorbo, y se limpió los labios con el revés° de la *back*
mano.

—Nada me ha dado más alegría: haberte hecho lo que eres, un buen
médico.

—Nunca lo olvidaré —dijo Ruti, con voz temblorosa. Miraba al suelo
otra vez, indeciso.

—No bajes los ojos, Ruti. No me gusta que desvíen la mirada° cuando *desvíen... look away*
yo hablo. Sí, Ruti: estoy contento por eso. ¿Y sabes por qué?

Ruti guardó silencio.

—Porque gracias a ello tú me has avisado de la muerte. Tú has podido
reconocerme,° oír mis quejas, mis dolores, mis temores... Y decirme, por fin: *examine me*
acaso un mes, o dos. Sí, Ruti: estoy contento, muy contento.

—Por favor, tío. Se lo ruego. No hable así... todo esto es doloroso.
Olvidémoslo.

—No, no hay por qué olvidarlo. Tú me has avisado y estoy tranquilo. Sí, Ruti: tú no sabes cuánto bien me has hecho.

Ruti apretó la copa entre los dedos y luego la apuró,° también de un trago.° *drank it up / swallow*

—Tú me conoces bien, Ruti. Tú me conoces muy bien.

Ruti sonrió pálidamente.

El día pasó como otro cualquiera. A eso de las ocho, cuando volvían los obreros del cemento, el café se llenó. El viejo Tomeu se portó como todos los días, como si no quisiera amargar° las vacaciones de Ruti, con su flamante título recién estrenado.° Ruti parecía titubeante,° triste. Más de una vez vio que lo miraba en silencio. *spoil / recién... recently used / hesitant*

El día siguiente transcurrió, también, sin novedad.° No se volvió a hablar del asunto entre ellos dos. Tomeu más bien parecía alegre. Ruti, en cambio, serio y preocupado. *news*

Pasaron dos días más. Un gran calor se extendía sobre la isla. Ruti daba paseos en barca, bordeando° la costa. Su mirada azul, pensativa, vagaba° por el ancho cielo. El calor pegajoso° le humedecía la camisa, adhiriéndosela al cuerpo.° Regresaba pálido, callado. Miraba a Tomeu y respondía brevemente a sus preguntas. *staying close to / roamed / sticky / body*

Al tercer día, por la mañana, Tomeu entró en el cuarto de su sobrino y ahijado.° El muchacho estaba despierto. *godson*

—Ruti —dijo suavemente.

Ruti echó mano de sus gafas,° apresuradamente. *echó... got his glasses*

—¿Qué hay, tío?

Tomeu sonrió.

—Nada —dijo—. Salgo, ¿sabes? Quizá tarde algo. No te impacientes.

Ruti palideció.

—Está bien —dijo. Y se echó hacia atrás, sobre la almohada.

—Las gafas, Ruti —dijo Tomeu—. No las rompas.

Ruti se las quitó despacio y se quedó mirando el techo. Por la pequeña ventana entraban el aire caliente y el ruido de las olas.

Era ya mediodía cuando bajó al café. La puerta que daba a la carretera estaba cerrada. Por lo visto su tío no tenía intención de atender a la clientela.

Ruti se sirvió café. Luego salió atrás, a la playa. La barca amarrada se balanceaba lentamente.

A eso de las dos vinieron a avisarle. Tomeu se había pegado un tiro, en el camino de la Tura. Debió de hacerlo cuando salió, a primera hora de la mañana.

Ruti se mostró muy abatido. Estaba pálido y parecía más miope° que nunca. *myopic*

—¿Sabe Ud. de alguna razón que llevara a su tío a hacer esto?

—No, no puedo comprenderlo... no puedo imaginarlo. Parecía feliz.

Al día siguiente, Ruti recibió una carta. Al ver la letra con su nombre en el sobre, palideció y lo rasgó,° con mano temblorosa. Aquella carta debió de echarla su tío al correo antes de suicidarse, al salir de su habitación. *tore it open*

«Querido Ruti: Sé muy bien que no estoy enfermo, porque no sentía ninguno de los dolores que te dije. Después de tu reconocimiento consulté a un médico y quedé completamente convencido. No sé cuánto tiempo habría vivido aún con mi salud envidiable, porque estas cosas, como tú dices bien, no se saben nunca del todo.° Tú sabías que si me creía condenado, no esperaría la muerte en la cama, y haría lo que he hecho, a pesar de todo; y que, por fin, me heredarías. Pero te estoy muy agradecido, Ruti, porque yo sabía que mi dinero era sucio, y estaba ya cansado. Cansado y, tal vez, eso que se llama arrepentido. Para que Dios no me lo tenga en cuenta° —tú sabes, Ruti, que soy buen creyente° a pesar de tantas cosas—, dejo mi dinero a los nños del Asilo.»

del... *completely*

me... *hold it against me*
believer

Díganos...

1. ¿Cómo es Ruti y qué relación tiene con el Viejo Tomeu?
2. ¿Cómo ganó Tomeu su dinero?
3. ¿Qué tiene Ruti que agradecerle a Tomeu?
4. Según Ruti, ¿cuánto tiempo de vida le queda a su tío?
5. ¿Qué vinieron a avisarle a Ruti a eso de las dos del tercer día?
6. ¿Cómo se mostró Ruti al oír la noticia?
7. ¿Qué recibió Ruti al día siguiente?
8. ¿Por qué sabía Tomeu que él no estaba enfermo?
9. ¿Por qué se suicidó Tomeu?
10. ¿Por qué no le dejó el dinero a su sobrino?

MARTÍN LUIS GUZMÁN (México: 1887–1977)

Martín Luis Guzmán es uno de los escritores más brillantes entre los novelistas que tratan el tema de la Revolución Mexicana de 1910. En sus narraciones hace uso de sus propias experiencias durante la revolución y de sus contactos personales con los grandes líderes. La mayoría de sus personajes no son ficticios, sino históricos. Entre sus novelas principales se encuentran *El águila y la serpiente, La sombra del caudillo* y *Memorias de Pancho Villa.*

Su estilo es vigoroso e impresionista. Utiliza una técnica pictórica, y tiene una gran capacidad para presentar «retratos» de personajes históricos.

Pancho Villa en la cruz

(*Adaptado*)

No se dispersaba aún la Convención, cuando ya la guerra había vuelto a empezar. Es decir, que los intereses conciliadores fracasaban en el orden práctico antes que en el teórico.

Maclovio Herrera, en Chihuahua, fue de los primeros en lanzarse° de nuevo al campo, desconociendo la autoridad de Villa.   *to rush*

—Orejón hijo de tal° —decía de él el jefe de la División del Norte—.   *hijo... S.O.B.*
Pero ¡si yo lo he hecho! ¡Si es mi hijo en las armas! ¿Cómo se atreve a abandonarme así este sordo traidor e ingrato°?   *ungrateful*

Y fue tanta su ira, que a los pocos días de rebelarse Herrera, las tropas de Villa ya estaban persiguiéndolo para atacarlo.

• • •

Una de aquellas mañanas fuimos Llorente y yo a visitar al guerrillero, y lo encontramos tan sombrío° que de sólo mirarlo sentimos pánico. A mí el   *gloomy*
fulgor° de sus ojos me reveló de pronto que los hombres no pertenecemos a   *fire*
una especie única, sino a muchas, y que de especie a especie hay, en el género humano, distancias enormes. Fugaz° como un reflejo pasó esa mañana por   *Fleeting*
mi espírtu, frente a frente de Villa, la imagen del terror y del horror.

A nuestro «buenos días, general», respondió él con tono lúgubre:°   *mournful*

—Buenos no, amiguitos, porque están sobrando muchos sombreros.

Yo no entendí bien el sentido de la frase ni creo que Llorente la entendiera tampoco y, con inoportunidad estúpida, casi incitadora del crimen, dije:

—¿Están sobrando qué, general?

Él dio un paso hacia mí y me respondió con la lentitud contenida de quien domina apenas su rabia:

—Sobrando muchos sombreros, señor licenciado. ¿O no entiende usté°   *usted*
el lenguaje de los hombres? ¿O es que no sabe que por culpa del Orejón

(¡jijo° de tal, donde yo lo agarre!...) mis muchachitos están matándose unos   *hijo*
a otros? ¿Comprende ahora por qué sobran muchos sombreros? ¿Hablo
claro?

Yo me callé inmediatamente.

Villa se paseaba° en el saloncito del vagón° al ritmo interior de su ira.   *paced / car*
Cada tres pasos murmuraba entre dientes:

—Sordo jijo de tal... Sordo jijo de tal...

Varias veces nos miramos Llorente y yo, luego, sin saber qué hacer ni
qué decir, nos sentamos. En el coche no se oía sino el tic-tiqui del telégrafo.
Sentado a su mesa, frente a nosotros, el telegrafista trabajaba, preciso en sus
movimientos, inexpresivo de rostro como sus aparatos.

Así pasaron varios minutos. Al fin de éstos el telegrafista, ocupado antes
en trasmitir, dijo, volviéndose a su jefe:

—Parece que ya está aquí, mi general.

Y tomó el lápiz que tenía detrás de la oreja y se puso a escribir lentamente.

Entonces Villa se acercó a la mesita de los aparatos, con aire a un tiempo
agitado y glacial, impaciente y tranquilo, vengativo y desdeñoso.°   *disdainful*

Parado entre el telegrafista y nosotros, yo lo veía de perfil. Visto de cerca
y contra la claridad del día, su estatura aumentaba enormemente; su cuerpo
cerraba el paso° a toda luz.   *entrance*

El telegrafista le entregó a Villa el mensaje. Él lo tomó, pero devolviéndolo
en seguida, dijo:

—Léamelo usté, amigo; pero léamelo bien, porque ahora sí creo que la
cosa va de veras.°   *va... it's serious*

Había en su voz una sombría emoción, tan amenazadora° que pasó luego   *threatening*
a reflejarse en la voz del telegrafista. Éste, separando con cuidado las palabras,
leyó al principio en voz baja:

«Tengo el honor de comunicarle a usted... »

Y después fue elevando el tono a medida que progresaba la lectura.

El mensaje, lacónico y terrible, era el parte de la derrota° que acababan   *defeat*
de sufrir las tropas de Maclovio Herrera.

Al oírlo Villa, su rostro pareció, por un instante, pasar de la sombra a
la luz. Pero en seguida, al escuchar las frases finales, le llamearon° otra vez   *blazed*
los ojos. Y era que el jefe de la columna, después de enumerar sus bajas° en   *casualties*
muertos y heridos, terminaba pidiendo intrucciones sobre lo que debía hacer
con ciento sesenta soldados de Herrera que se le habían rendido.

—¡Que, ¿qué hace con ellos?! —gritaba Villa—. ¡Pues ¿qué va a hacer
sino fusilarlos?!° ¡Qué pregunta!   *shoot them*

Volviéndose° hacia nosotros, continuó: *Turning*

—¿Qué les parece a ustedes, señores licenciados? ¡Preguntarme a mí lo
que hace con los prisioneros!

Pero Llorente y yo, mirándolo apenas, no le contestamos.

Aquello era lo de menos para Villa. Volviéndose al telegrafista le ordenó
por último:

—Ándele,° amigo, Dígale pronto a ese jijo de tal que fusile a los ciento   *Go on*
sesenta prisioneros inmediatamente, y que si dentro de una hora no me avisa

que la orden está cumplida, voy allá yo mismo y lo fusilo para que aprenda a manejarse.° ¿Me ha entendido bien?

to handle himself

—Sí, mi general.

Y el telegrafista se puso a escribir el mensaje para trasmitirlo. Villa lo interrumpió a la primera palabra:

—¿Qué hace, pues, que no me obedece?

—Estoy redactando° el mensaje, mi general.

writing

—¡Qué redactando ni qué redactando! Usté comunique lo que yo le digo y sanseacabó.° El tiempo no se hizo para perderlo en papeles.

that's it

Entonces el telegrafista puso la mano derecha sobre el aparato trasmisor, y se puso a llamar:

«Tic-tic, tiqui; tic-tic, tiqui...»

Entre los papeles y el brazo de Villa veía yo los nudillos° de la mano del telegrafista, pálidos y nerviosos al producir los sonidos homicidas. Villa no apartaba los ojos del movimiento que estaba trasmitiendo sus órdenes doscientas leguas° al norte, ni nosotros tampoco. Yo trataba de adivinar el momento preciso en que los dedos deletreaban las palabras «fusile usted inmediatamente».

knuckles

leagues

•   •   •

Cuando el telegrafista terminó la trasmisión del mensaje, Villa, ya más tranquilo, se fue a sentar en el sillón próximo al escritorio. Allí se mantuvo quieto por breve rato.

Pasaron unos diez minutos.

Súbitamente° se volvió Villa hacia mí y me dijo:

Suddenly

—¿Y a usté qué le parece todo esto, amigo?

Dominado por el temor, dije:

—¿A mí, general?

—Sí, amiguito, a usté.

Entonces acorralado,° pero decidido a usar el lenguaje de los hombres, respondí ambiguo:

cornered

—Pues que van a sobrar muchos sombreros, general.

—¡Bah! ¡A quién se lo dice! Pero no es eso lo que le pregunto, sino las consecuencias. ¿Cree usté que esté bien, o mal, esto de° la fusilada?

esto... this thing about

Llorente, más intrépido, habló primero:

—A mí, general —dijo—, para serle franco, no me parece bien la orden.

Yo cerré los ojos. Estaba seguro de que Villa, levantándose del asiento, o sin levantarse siquiera, iba a sacar la pistola para castigar esa reprobación de su conducta en algo que era tan importance para él. Pero pasaron varios segundos, y después oí que Villa, desde su sitio, preguntaba:

—A ver, a ver: dígame por qué no le parece bien mi orden.

Llorente estaba pálido, pero respondió con firmeza:

—Porque el parte dice, general, que los ciento sesenta hombres se rindieron.

—Sí. ¿Y qué?

—Que cogidos así, no se les debe matar.

—Y ¿por qué?

—Por eso mismo, general; porque se han rendido.

—¡Ah, qué amigo éste! ¡Pos° sí que me cae en gracia!° ¿Dónde le ense-ñaron esas cosas?

pues / me... that's funny

La vergüenza de mi silencio me abrumaba.° Intervine:

oppressed

—Yo —dije— creo lo mismo, general. Me parece que Llorente tiene razón.

Villa nos miró a los dos.

—Y ¿por qué le parece eso, amigo?

—Ya lo explicó Llorente: porque los hombres se rindieron.

—Y vuelvo a decirle: ¿Qué tiene que ver que se hayan rendido?

El *qué* lo pronunciaba con acento de interrogación absoluta. Esta última vez, al decirlo, reveló ya cierta inquietud.

Yo sentía el peso de la mirada° fría y cruel, y el impulso inexplicable que me daban las visiones de remotos fusilamientos° en masa. Era urgente dar con una fórmula. Intentándolo, expliqué:

look

executions

—El que se rinde, general, perdona por eso la vida de otro, o de otros, porque renuncia a morir matando. Y siendo así, el que acepta la rendición queda obligado a no condenar a muerte.

Villa se detuvo entonces a contemplarme atentamente. Luego se levantó de un salto y le dijo al telegrafista, gritando casi:

—Oiga, amigo; llame otra vez, llame otra vez...

El telegrafista obedeció:

«Tic-tic, tiqui; tic-tic, tiqui... »

Pasaron unos cuantos segundos. Villa, sin esperar, interrogó impaciente:

—¿Le contestan?

—Estoy llamando, mi general.

Llorente y yo tampoco logramos ya contenernos y nos acercamos también a la mesa de los aparatos.

Volvió Villa a preguntar:

—¿Le contestan?

—Todavía no, mi general.

—Llame más fuerte.

Hubo un breve silencio, y al rato se oyó seco y lejanísimo,° el tiquitiqui del aparato receptor.

in the distance

—Ya están respondiendo —dijo el telegrafista.

—Bueno, amigo, bueno. Trasmita, pues, sin perder tiempo, lo que voy a decirle. Fíjese bien: «Suspenda° fusilamiento prisioneros hasta nueva orden. El general Francisco Villa... »

Stop

«Tic-tiqui; tiqui-tic... »

—¿Ya?

«Tic-tiqui; tiqui-tic... »

—Ya, mi general.

—Ahora dígale al telegrafista de allá que estoy aquí junto al aparato esperando la respuesta, y que lo hago responsable de la menor tardanza.

«Tiqui, tiqui, tic-tic, tiqui-tic, tic... »

—¿Ya?

—... Ya, mi general.

El aparato receptor sonó:

«Tic, tiqui-tiqui, tic, tiqui... »

—... ¿Qué dice?

—... Que va él mismo a entregar el telegrama y a traer la respuesta...

Los tres nos quedamos en pie° junto a la mesa del telégrafo: Villa extrañamente inquieto; Llorente y yo dominados, enervados por la ansiedad. quedamos... *standing*

Pasaron diez minutos.

«Tic-tiqui, tic, tiqui-tic... »

—¿Ya le responde?

—No es él, mi general. Llama otra oficina...

Villa sacó el reloj y preguntó:

—¿Cuánto tiempo hace que telegrafiamos la primera orden?

—Unos veinticinco minutos, mi general.

Volviéndose entonces hacia mí, me dijo Villa:

—¿Llegaía a tiempo la contraorden? ¿Usted qué cree?

—Espero que llegue, general.

«Tic-tiqui-tic, tic... »

—¿Le responden, amigo?

—No, mi general, es otro.

Iba acentuándose por momentos, en la voz de Villa, una vibración que hasta entonces nunca le había oído.

Tenía fijos los ojos en la barrita del aparato receptor, y, en cuanto éste iniciaba el menor movimiento, decía:

—¿Es él?

—No, mi general: habla otro.

Veinte minutos habían pasado desde el envío de la contraorden cuando el telegrafista contestó al fin:

—Ahora están llamando—. Y cogió el lápiz.

—«Tic, tic, tiqui... »

Villa se inclinó más sobre la mesa. Yo fui a situarme junto al telegrafista para ir leyendo para mí lo que éste escribía.

«Tiqui-tic-tiqui, tiqui-tiqui... »

A la tercera línea, Villa no pudo dominar su impaciencia y me preguntó:

—¿Llegó a tiempo la contraorden?

Yo, sin apartar los ojos de lo que el telegrafista escribía, hice con la cabeza señales de que sí, lo cual confirmé en seguida de palabra.

Villa sacó su pañuelo y se lo pasó por la frente para enjugarse el sudor.° enjugarse... *wipe the perspiration*

•   •   •

Esa tarde comimos con él; pero durante todo el tiempo que pasamos juntos no volvió a hablarse del suceso° de la mañana. Sólo al despedirnos, por la noche, Villa nos dijo, sin entrar en explicaciones: *happening*

—Y muchas gracias, amigos, muchas gracias por lo del telegrama, por lo de los prisioneros... Si no hubiera sido por ustedes...

(De *El águila y la serpiente*)

Díganos...

1. ¿Por qué está furioso Villa con Maclovio Herrera?
2. ¿Qué quiere decir Villa con la expresión «Están sobrando muchos sombreros»?
3. ¿Qué sabe Ud. sobre Pancho Villa?
4. ¿Qué dice el mensaje que recibe el telegrafista?
5. ¿Cómo reacciona Villa ante la pregunta del jefe de la columna?
6. ¿Qué ordena Villa que hagan con los prisioneros?
7. ¿Qué opinión tienen Llorente y el autor sobre la orden de Villa y qué tratan de hacer al respecto?
8. ¿Por qué dice Guzmán que debe perdonársele la vida al que se rinde?
9. ¿Qué efecto tienen las palabras de Guzmán en Villa?
10. ¿Por qué les da Villa las gracias a Llorente y a Guzmán?

VOCABULARIO

NOMBRES

la **arena**   sand
la **carrera**   career
la **carretera**   highway, road
la **estatura**   height
el **hombro**   shoulder
la **lectura**   reading
la **letra**   handwriting
el (la) **obrero(a)**   laborer, worker
la **ola**   wave
el **peso**   weight
el **rostro**   face
el (la) **sordo(a)**   deaf person
la **tardanza**   delay
el **temor**   fear

VERBOS

acariciar   to caress
acercarse(a)   to approach, to go near
agradecer   to thank
arrepentirse (e → ie)   to repent
callarse   to keep quiet, to be silent

castigar   to punish
equivocarse   to be wrong
fijarse   to notice, to pay attention
parecer   to seem
pertenecer   to belong
rendirse (e → i)   to surrender
sobrar   to be left over

ADJETIVOS

parado(a)   standing
tranquilo   calm

OTRAS PALABRAS Y EXPRESIONES

a medida que   as
acaso, quizá(s)   perhaps
apenas   barely
dar un paso   to take a step
echar al correo   to mail
pegarse un tiro   to shoot oneself
perder el tiempo   to waste time
por lo visto   apparently

Palabras y más palabras

Las palabras nuevas que parecen en las selecciones... ¿forman ya parte de su vocabulario? ¡Vamos a ver!

Complete las siguientes oraciones usando las palabras del vocabulario.

1. La madre _____ al niño y le dio un beso en el _____ .
2. Llegó muy tarde y lo castigaron por la _____.
3. Todos los niños conversan, pero cuando le preguntan algo a Jaime, él se _____. Es porque no los oye; es _____.
4. Los _____ se arrepintieron de ir la huelga.
5. Se suicidó; se _____ un tiro en la cabeza.
6. No es alto; es de _____ mediana.
7. Por lo _____ él no _____ la carta al _____ ayer.
8. Al despedirnos, su _____ se llenó de lágrimas.
9. A _____ que nos acercábamos al llano, veíamos un paisaje más árido.
10. Está _____ en la esquina esperando el ómnibus.
11. Ayer los niños se _____ muy mal. Los voy a _____.
12. Las _____ del mar acariciaban la _____ de la playa.
13. Su tío le pagó la _____ de médico, pero él no se lo supo _____.
14. Fíjense qué gordo estoy. Tengo que perder _____.
15. No es seguro, pero _____ él venga mañana.
16. Hazlo ahora mismo. No _____ el tiempo.
17. Nunca hace nada bien; siempre se _____ en todo.
18. Debes dar un _____ hacia adelante.
19. Estaba furioso, pero ahora está más _____.
20. _____ muy cansado. _____ puede caminar.

Desde el punto de vista literario

Comente usted...

1. ¿En qué ambiente se desarrolla el cuento «El arrepentido»?
2. ¿Es inesperado el desenlace de este cuento? ¿Por qué?
3. ¿Cómo es el lenguaje de Martín Luis Guzmán? Dé ejemplos.
4. ¿Qué importancia tiene el telégrafo en el relato «Pancho Villa en la cruz»?
5. ¿Qué imágenes usa Martín Luis Guzmán para describir a Villa?
6. ¿Qué cambio ve usted en el personaje de Pancho Villa?
7. ¿Cuál es el tema principal de cada selección y cuáles son los subtemas?
8. ¿Desde qué punto de vista están contados ambos relatos?

Composición

Escriba una breve composición sobre un personaje histórico a quién usted admira mucho. Algunos ejemplos pueden ser: George Washington, Martin Luther King, Cleopatra, Albert Einstein, Marie Curie.

PENSAMIENTOS DE HOMBRES ILUSTRES

Sobre la dignidad humana

La dignidad humana exige que se piense en el futuro y se trabaje para él.

José Enrique Rodó (Uruguay: 1871–1917)

El hombre es un fin, no un medio. La civilización toda se endereza[1] al hombre, a cada hombre, a cada yo.

Miguel de Unamuno (Espāna: 1864–1936)

---

[1]dedicates itself

ERNESTO SÁBATO (Argentina: 1911–)

Ernesto Sábato es uno de los más conocidos escritores contemporáneos. En 1945 ganó el Premio Municipal con una colección de ensayos filosóficos y desde entonces ha publicado varias novelas. En 1938 se doctoró en física, pero pronto abandonó la ciencia para dedicarse a su verdadera vocación, la literatura.

Sábato, como muchos otros novelistas de su época, trata de presentar en sus obras algunos de los problemas que más angustian al hombre moderno. En 1948 publicó *El túnel*, obra que ha sido traducida internacionalmente. En *El túnel*, Sábato presenta la historia del pintor Juan Pablo Castel, desde que conoció a María Iribarne, hasta que la asesinó. La obra es un cuadro de la angustia sicológica del protagonista en un ambiente de misterio y de gran dramatismo. Otras obras de Sábato son sus novelas *Sobre héroes y tumbas* (1962) y *Abaddon, el exterminador*.

El túnel

I

Bastará decir que soy Juan Pablo Castel, el pintor que mató a María Iribarne; supongo que el proceso está en el recuerdo de todos y que no se necesitan mayores explicaciones sobre mi persona.

Aunque ni el diablo sabe qué es lo que ha de recordar° la gente, ni por qué. En realidad, siempre he pensado que no hay memoria colectiva, lo que quizá sea una forma de defensa de la especie humana. La frase «todo tiempo pasado fue mejor» no indica que antes sucedieran menos cosas malas, sino que —felizmente— la gente las echa en el olvido.° Desde luego, semejante° frase no tiene validez universal; yo, por ejemplo me caracterizo por recordar preferentemente los hechos° malos y, así, casi podría decir que «todo tiempo pasado fue peor», si no fuera porque el presente me parece tan horrible como el pasado; recuerdo tantas calamidades, tantos rostros cínicos y crueles, tantas malas acciones, que la memoria es para mí como la temerosa° luz que alumbra un sórdido museo de la vergüenza. ¡Cuántas veces he quedado aplastado° durante horas, en un rincón oscuro del taller, después de leer una noticia en la sección policial! Pero la verdad es que no siempre lo más vergonzoso de la raza humana aparece allí; hasta cierto punto, los criminales son gente más limpia, más inofensiva; esta afirmación no la hago porque yo mismo haya matado a un ser humano: es una honesta y profunda convicción. ¿Un individuo es pernicioso? Pues se lo liquida y se acabó. Eso es lo que yo llamo una *buena acción*. Piensen cuánto peor es para la sociedad que ese individuo siga destilando su veneno° y que en vez de eliminarlo se quiera contrarrestar° su acción recurriendo a anónimos, maledicencia y otras bajezas° semejantes.

ha... *will remember*

echa... *forget / such (a)*

happenings

dreadful

crushed

poison / counteract

vile deeds

En lo que a mí se refiere, debo confesar que ahora lamento no haber aprovechado mejor el tiempo de mi libertad, liquidando a seis o siete tipos que conozco.

Que el mundo es horrible, es una verdad que no necesita demostración. Bastaría un hecho para probarlo, en todo caso: hace un tiempo leí que en un campo de concentración un ex-pianista se quejó de hambre y entonces lo obligaron a comerse una rata, *pero viva*.

No es de eso, sin embargo, de lo que quiero hablar ahora; ya diré más adelante, si hay ocasión, algo más sobre este asunto° de la rata.   *business*

II

Como decía, me llamo Juan Pablo Castel. Podrán preguntarse qué me mueve a escribir la historia de mi crimen (no sé si ya dije que voy a relatar mi crimen) y, sobre todo, a buscar un editor. Conozco bastante bien el alma° *soul* humana para prever° que pensarán en la vanidad. Piensen lo que quieran: *predict* me importa un bledo; hace rato que me importan un bledo la opinión y la justicia de los hombres. Supongan, pues, que publico esta historia por vanidad. Al fin de cuentas° estoy hecho de carne, huesos, pelo y uñas como   *Al... After all* cualquier otro hombre y me parecería muy injusto que exigiesen° de mí,   *demanded* precisamente de mí, cualidades especiales; uno se cree a veces un superhombre, hasta que advierte que también es mezquino, sucio y pérfido. De la vanidad no digo nada: creo que nadie está desprovisto de esta notable motor del Progreso Humano. Ma hacen reír esos señores que salen con° la modestia   *salen... come up* de Einstein o gente por el estilo; repuesta: *es fácil ser modesto cuando se es*   *with* *célebre;* quiero decir *parecer* modesto. Aun cuando se imagina que no existe en absoluto, se la descubre de pronto en su forma más sutil: la vanidad de la modestia. ¡Cuántas veces tropezamos° con esa clase de individuos! Hasta   *we come in contact* un hombre, real o simbólico, como Cristo, el ser ante quien he sentido y aún hoy siento una reverencia más profunda, pronunció palabras sugeridas por la vanidad o al menos por la soberbia.° ¿Qué decir de León Bloy,[1] que se   *haughtiness* defendía de la acusación de soberbia argumentando que se había pasado la vida sirviendo a individuos que no le llegaban a las rodillas? La vanidad se encuentra en los lugares más inesperados: al lado de la bondad, de la abnegación, de la generosidad. Cuando yo era chico y me desesperaba ante la idea de que mi madre debía morirse un día (con los años se llega a saber que la muerte no sólo es soportable sino hasta reconfortante), no imaginaba que mi madre pudiese tener defectos. Ahora que no existe, debo decir que fue tan buena como puede llegar a serlo un ser humano. Pero recuerdo, en sus últimos años, cuando yo era un hombre, cómo al comienzo me dolía descubrir debajo de sus mejores acciones un sutilísimo ingrediente de vanidad o de orgullo. Algo mucho más demostrativo me sucedió a mí mismo cuando la

---

[1]Escritor francés

operaron de cáncer. Para llegar a tiempo tuve que viajar dos días enteros sin dormir. Cuando llegué al lado de su cama, su rostro de cadáver logró son-reírme levemente, con ternura, y murmuró unas palabras para compadecerme (¡ella se compadecía de mi cansancio!). Y yo sentí dentro de mí, oscuramente, el vanidoso orgullo de haber acudido tan pronto. Confieso este secreto para que vean hasta qué punto no me creo mejor que los demás.

Sin embargo, no relato esta historia por vanidad. Quizá estaría dispuesto a aceptar que hay algo de orgullo o de soberbia. Pero ¿por qué esa manía de querer encontrar explicación a todos los actos de la vida? Cuando comencé este relato estaba firmemente decidido a no dar explicaciones de ninguna especie.° Tenía ganas de contar la historia de mi crimen, y se acabó: al que no le gustara, que no la leyese. Aunque no lo creo, porque precisamente esa gente que siempre anda detrás° de las explicaciones es la más curiosa y pienso que ninguno de ellos se perderá la oportunidad de leer la historia de un crimen hasta el final.

Podría reservarme los motivos que me movieron a escribir estas páginas de confesión; pero como no tengo interés en pasar por excéntrico, diré la verdad, que de todos modos es bastante simple: pensé que podrían ser leídas por mucha gente, ya que ahora soy célebre; y aunque no me hago muchas ilusiones acerca de las páginas en particular, me anima la débil esperanza de humanidad en general y acerca de los lectores de éstas que alguna persona llegue a entenderme. AUNQUE SEA UNA SOLA PERSONA.

«¿Por qué —se podrá preguntar alguien— apenas una débil esperanza si el manuscrito ha de ser leído por tantas personas?» Este es el género° de preguntas que considero inútiles. Y no obstante° hay que preverlas, porque la gente hace constantemente preguntas inútiles, preguntas que el análisis más superficial revela innecesarias. Puedo hablar hasta el cansancio° y a gritos delante de una asamblea de cien mil rusos: nadie me entendería. ¿Se dan cuenta de lo que quiero decir?

Existió una persona que podría entenderme. *Pero fue, precisamente, la persona que maté.*

kind

anda... *are after*

kind
nevertheless

hasta... *until I get tired*

Díganos...

1. ¿Quién es Juan Pablo Castel y dónde está ahora?
2. Según Castel, ¿qué indica la frase «todo tiempo pasado fue mejor»?
3. ¿Qué cosas recuerda Castel?
4. ¿Qué piensa Castel de los criminales?
5. ¿Qué lamenta ahora?
6. ¿Qué nos cuenta para demostrar que el mundo es horrible?
7. ¿Qué cosas le importan un bledo a Castel?
8. ¿Qué piensa él de la vanidad?
9. ¿Qué opinión tiene Castel de su madre?
10. ¿Por qué escribe la historia de su crimen?
11. ¿Qué ejemplo da Castel para explicar la falta de comunicación entre los seres humanos?
12. ¿Quién fue la única persona capaz de entender a Castel?

△ ERNESTO SÁBATO (Argentina: 1911–   )   Λ

Una entrevista con
Ernesto Sábato *(Selección adaptada)*

[Sábato] —Mi niñez fue triste. Fui un chico tímido y desorientado. Desde chico me fui metiendo en mi soledad; aprendí dolorosamente lo que es dormir en una habitación llena de sombras que se mueven. Éramos muchos hermanos, y a los dos últimos, Arturo y yo, mamá nos encerró,° literalmente hablando. Puedo decir que en mi niñez vi la vida desde una ventana. Había tanta diferencia de edad con los hermanos mayores que casi podían ser nuestros padres. En mi niñez aparecen las sombras, mi soledad.[1] Echar esa angustia acumulada para afuera fue la base de mi vocación de escritor.

locked up

•   •   •

—*¿Cómo eran sus padres?*

—Mamá era una mujer excepcional, más inteligente que papá. Él era más artista, una familia clásica.

—*¿Leía mucho?*

—Sí, y desordenadamente, porque tampoco nadie se ocupó de eso. Sufrí de sonambulismo hasta que me fui de casa. Eso es muy significativo. Tuvimos una educación terrible, espartana...

—*¿Qué hacía sonámbulo?*

—Andaba por la casa, iba a tomar agua, al dormitorio de mis padres; llamaba a mi madre. Sí, creo que la severidad con que nos educaron agravó todo aquello.

—*¿Un ejemplo de la severidad?*

—No se podía llorar en casa. Todavía me acuerdo de Arturo, el menor, lloriqueando° detrás de una puerta para que no lo vieran.

whining

—*¿Qué soñaba?*

—Pesadillas, y tenía alucinaciones. Arturo y yo dormíamos en el último cuarto de esas casas de tres patios, y cuando los mayores salían quedábamos separados por dos o tres cuartos del dormitorio de mis padres, que estaba adelante. Pasábamos horas, o nos parecían horas, de terribles alucinaciones, entre el sueño y la realidad... Nos tapábamos° con frazadas; yo sentía que venía gente con faroles° a examinarnos o tocarnos. Era horrible.

Nos... *We covered up*
lanterns

—*¿No recuerda nada que le guste de su infancia?*

—Sí, recuerdo, y la añoro, quizás porque la vida me parece cada vez más

---

[1]The use of the present tense in this sentence is a stylistic device that is intended to make Sábato's emotion as vivid to the reader as it is to the author.

dura y los chicos, a pesar de todo, están protegidos por un mundo interior y mágico que luego se pierde. Lo que recuerdo, lo que me vuelve en momentos de tristeza, ¿qué es...? Caminar alguna vez sin zapatos por el barro de las calles sin asfalto... La lluvia, el olor a tierra mojada... Los colores en los días de otoño, esos colores delicados que tiene la pampa, con los cielos grises...

—*Usted de chico pintaba; ¿qué colores le gustan más?*

—Depende de mi estado de ánimo. En general, me gustan todos. Depende de la combinación. Por ejemplo, a mí me gustan mucho el marrón, el violeta, el azul violeta y el negro, pero si se unen como en aquel cuadro delirante de Van Gogh, con cuervos sobre un cielo cobalto y un campo de hierba seca, entonces el color asume su máxima potencia. Pasa con las palabras. Es como si me preguntaran qué palabra me gusta más. Hay palabras muy humildes, como árbol, caballo, cielo y lluvia, pero si con ellas se puede componer un poema, entonces alcanzan la belleza. Con palabras tan simples como las que he mencionado, poetas como Vallejo, Antonio Machado o nuestro Ricardo Güiraldes han compuesto fragmentos de una gran belleza.

—*Y por saber usar las palabras se reconoce a un gran escritor.*

—Exaco, Para mí, un gran escritor es aquél que con palabras muy chiquitas puede llegar a hacer cosas muy grandes.

(De Rojas, su pueblo natal, pasa a Buenos Aires, donde a los quince años se gradúa de bachiller y elige una inesperada carrera: físico-matemática... En política, se inclina al anarquismo.)

—*Usted parece tener mucha simpatía por el anarquismo.*

—Es cierto. Desde estudiante la tuve, y después de muchas vicisitudes, he vuelto a ello. Generalmente, se tiene una idea equivocada del anarquismo. Hombres superiores piensan en el anarquismo. Malatesta, Camus, Herbert Read o Bertrand Russell son los ejemplos clásicos.

—*¿Cuál es el cambio que usted propone?*

—El mundo debe cambiar, y de eso no hay duda. Los pueblos más pobres deben obtener la justicia social. Pero ¡cuidado!, para luchar por esa justicia no necesariamente hay que ser marxista.

—*¿Usted sacrificaría la libertad individual como el precio de la justicia social?*

—De ninguna manera. Digo justicia social y liberación de los pueblos oprimidos.° Pero, recordando en cada momento que no debemos intentarla sacrificando la libertad individual, que es la más alta libertad de los seres humanos.

oppressed

—*¿Cuál es su arma como escritor?*

—Tener el coraje de dar testimonio por la verdad. No caer jamás en ningún extremo. Jamás a la izquierda, jamás a la derecha.

•   •   •

(Durante los años treinta recibe una beca para perfeccionarse en radiaciones atómicas en el Laboratorio Curie, en París. Curiosamente, fue durante esa época cuando abandonó la ciencia.)

—Empecé a alejarme de la física en 1938. Estaba en París, estudiando en el Laboratorio Curie. Era un momento histórico, porque ese año se produjo la ruptura del átomo de uranio, que iba a desencadenar° la energía atómica. Más que un sentido histórico, yo le doy un significado apocalíptico. Los físicos desencadenaron una fuerza terrible. La energía atómica, en particular la bomba de Hiroshima, es un anuncio del Apocalipsis. Le degradación de la Naturaleza, la catástrofe ecológica, la transformación del hombre en robot, la alienación total de esta civilización en la que estamos viviendo. La manía tecnolátrica, más que tecnológica. La idolatría de la ciencia...

°unchain

—*¿Realmente cree usted que abandonó la física porque se logró desintegrar el átomo de uranio?*

—Sí, sin duda. Pensé que la ciencia era culpable de una catástrofe espiritual. Comprendí que mi destino no lo iba a encontrar por ese camino. Me fui al otro extremo, al arte, que trabaja con las potencias integrales del hombre. En cambio, el científico trabaja con su cerebro, y así nos está yendo...°

°y... and look how it's going for us

(Entre los años 1944 y 1947, Sábato tiene muchos problemas económicos. En el año 1947 recibe un puesto en la UNESCO (París) que resuelve en parte su situación financiera, pero los dólares que recibe no bastan para recompensarle por su aburrimiento burocrático, y un año más tarde regresa a Buenos Aires. Allí termina su novela *El túnel*, que fue publicada en 1948 y tuvo un éxito extraordinario. En 1951 ya no hay dudas, es uno de los escritores argentinos más importantes.)

—*¿Qué escritores han influido más sobre usted?*

—Reconozco la influencia de los rusos, la de Proust, la de Kafka y la de Faulkner. Entre los argentinos, lo que me sirvió estilísticamente en mis comienzos, y creo que a todos nosotros, ha sido Borges.

—*¿Le es muy difícil escribir?*

—Sí, no soy un escritor profesional como lo son Moravia o Vargas Llosa, que escriben todos los días y por reloj. Felices de ellos...

—*¿Por qué eligió la novela?*

—Porque la novela presenta seres concretos, con sus ambigüedades y contradicciones, no abstracciones.

•　•　•

(Durante diez años, Sábato no escribe ni una sola línea, pero en 1961 comienza a escribir de nuevo. Dos años después ha terminado su novela *Sobre héroes y tumbas*. Su gran obra está escrita.)

•　•　•

—*¿Qué me dice Ud. de su novela* Abaddon, el exterminador? *¿Otra vez el apocalipsis?*

—Sí, de allí tomé este nombre del demonio. La novela es rara; además, yo figuro como personaje.

•　•　•

Esta novela se parece más a una pesadilla que a una novela. No es nada agradable.° No fue agradable escribirla, y tampoco es agradable leerla. Esto se lo digo yo a todos para que no la compren.

No... *It's not pleasant at all*

• • •

—*Algo más, don Ernesto. Usted dice que el hombre no tiene por qué elegir entre dos calamidades, definiendo de esta manera tanto al comunismo como al capitalismo; ¿qué entonces? ¿Cuál es su ideal?*

—La formidable crisis del hombre, esta crisis total, está sirviendo al menos para reconsiderar los modelos. Y no es casualidad que en diferentes partes del mundo empiece a reinvindicarse otro tipo de socialismo... que ponga la técnica y la ciencia al servicio del hombre y no como está sucediendo, que el hombre está al servicio de ellas. Un socialismo descentralizado que evite los terribles males del superestado, de la policía secreta y de los campos de concentración...

—*¿No es una utopía?*

—Muchos me hacen esa misma observación, y yo les respondo que las utopías no son otra cosa que futuras realidades.

(De la revista *Vanidades*)

Díganos...

1. Hable used de las experiencias dolorosas sufridas por Ernesto Sábato durante su infancia.
2. ¿Qué recuerdos buenos tiene el escritor argentino de su niñez?
3. ¿Qué dice Sábato sobre los colores, y cuáles son sus favoritos?
4. ¿Qué ideas tiene el escritor sobre la importancia de las palabras?
5. Sábato piensa que el mundo debe cambiar. ¿Cuáles son sus ideas al respecto?
6. Según Sábato, ¿cuál es la obligación del escritor?
7. Ernesto Sábato es también científico. ¿Por qué abandonó la ciencia?
8. ¿Qué obra marca su fama internacional como escritor?
9. ¿Qué autores han influido más en su obra?
10. ¿Por qué eligió el género novelístico y cuál es su obra maestra?
11. ¿Qué dice el autor sobre su novela *Abaddon, el exterminador*?
12. ¿Qué clase de socialismo propone el autor?

VOCABULARIO

NOMBRES

el **aburrimiento** boredom
el **barro,** el **fango** mud
la **beca** scholarship
la **belleza** beauty
el **cuervo** raven
el (la) **escritor(a)** writer

el **estado de ánimo** mood
el **éxito** success
el **hueso** bone
el **mal** evil
la **niñez** childhood
la **pesadilla** nightmare
el **pueblo natal** hometown

el **relato,** el **cuento**   story
el **ser humano**   human being
la **uña**   fingernail
la **vergüenza**   shame

VERBOS

añorar   to miss
aprovechar   to take advantage of
bastar, ser suficiente   to be enough
echar   to throw out

ADJETIVOS

culpable   guilty

débil   weak
mojado(a)   wet

OTRAS PALABRAS Y EXPRESIONES

adelante   in front
¡cuidado!   be careful!
en lo que a mí se refiere   as far as I'm concerned
estar dispuesto(a)   to be willing to
hacer una pregunta   to ask a question
importarle un bledo a uno   not to care in the least
sin ganas   unwillingly

Palabras y más palabras

Las palabras nuevas que aparecen en las selecciones... ¿forman ya parte de su vocabulario? ¡Vamos a ver!
   Dé Ud. el equivalente de lo siguiente.

1. mal sueño
2. los primeros años en la vida de una persona
3. es suficiente
4. autor
5. ayuda monetaria que se le da a un estudiante
6. hermosura
7. lugar de nacimiento
8. triunfo
9. no me importa nada
10. fango
11. opuesto de *diversión*
12. opuesto de *el bien*
13. echar de menos
14. pájaro negro que figura en un poema de Poe
15. cuento
16. opuesto de *seco*
17. que tiene la culpa
18. opuesto de *atrás*
19. sin deseos
20. preguntar
21. opuesto de fuerte
22. persona

Desde el punto de vista literario

Comente usted...

1. ¿Cómo atrae Sábato la atención del lector desde el primer momento?
2. ¿Desde qué punto de vista está narada la novela? ¿Le da esto más realidad? ¿Cómo?
3. ¿Qué clase de novela es *El túnel?* ¿Por qué?
4. ¿Qué sabemos sobre el protagonista?
5. ¿Cómo sabemos que el protagonista es un intelectual?
6. ¿Qué temas puede usted señalar en esta selección?
7. Si en vez de la entrevista con Sábato tuviéramos un artículo sobre su vida, ¿hubiera sido menos interesante? ¿Por qué?
8. Busque usted ejemplos de imágenes y de metáforas que usa Sábato para expresar sus ideas y sentimientos.
9. ¿Ve usted alguna relación entre las pesadillas del escritor y su infancia?
10. ¿Se expresa Sábato en un lenguaje poético? Dé ejemplos.
11. Sábato dice «un gran escritor puede con palabras muy chiquitas llegar a hacer cosas muy grandes». ¿Cree usted que el escritor, al expresarse en la entrevista, nos da algunos ejemplos de esto? Cite algunos.
12. Después de leer la entrevista, ¿puede usted decir qué temas le interesan al autor?

Composición

Imagínese que usted es periodista, y que tiene la oportunidad de entrevistar a cualquier personaje histórico o ficticio. Escoja uno y prepare una serie de preguntas para hacerle. Según su conocimiento del personaje, conteste usted las preguntas tal como él o ella lo harían.

Aspectos a considerar en la entrevista

1. Presentación del personaje que va a entrevistar
2. Datos importantes
   a. lugar de nacimiento, niñez y educación
   b. personas que han tenido influencia en su vida
   c. profesión y actividades que realiza
   d. ideas sobre su trabajo o actividad
   e. su filosofía de la vida
   f. sus ambiciones
3. Planes futuros del personaje

PENSAMIENTOS DE HOMBRES ILUSTRES

Sobre el esfuerzo

La obra mejor es la que se realiza sin las impaciencias del éxito inmediato; y el más glorioso esfuerzo es el que pone la esperanza más allá del horizonte visible.

José Enrique Rodó (Uruguay: 1871–1917)

Cada generación debe proponerse un ideal y, de acuerdo con sus fuerzas, caminar hacia él.

Rufino Blanco-Fombona (Venezuela: 1874–1944)

LECTURAS SUPLEMENTARIAS

Selecciones poéticas

CÉSAR VALLEJO   (Perú: 1892–1938)

Este gran poeta peruano del siglo veinte dedicó su vida a la poesía y a la política. Alma idealista y sensitiva, Vallejo creía en la hermandad de los hombres y la exaltó en sus versos. Escribió *Los heraldos negros* (1918), *Trilce* (1922), *Poemas humanos* (1939) y *España, aparta de mí este cáliz* (1939). El poema «Masa», que presentamos a continuación, pertenece a este último libro.

Masa

Al fin de la batalla,
y muerto el combatiente, vino hacia él un hombre
y le dijo: «¡No mueras; te amo tanto!»
Pero el cadáver ¡ay! siguió muriendo.

Se le acercaron dos y repitiéronle:
«¡No nos dejes! ¡Valor! ¡Vuelve a la vida!»
Pero el cadáver ¡ay! siguió muriendo.

Acudieron° a él veinte, cien, mil, quinientos mil,   *Came*
clamando: «¡Tanto amor y no poder nada contra la muerte!»
Pero el cadáver ¡ay! siguió muriendo.

Le rodearon millones de individuos,
con un ruego común: «¡Quédate hermano!»
Pero el cadáver ¡ay! siguió muriendo.

Entonces todos los hombres de la tierra
le rodearon; les vio el cadáver triste, emocionado:°   *touched*
incorporóse lentamente,
abrazó al primer hombre; echóse a andar...

◁△ JUANA DE IBARBOURU   (Uruguay: 1895–1979)   △

La higuera°

fig tree

Porque es áspera° y fea,
porque todas sus ramas° son grises,
yo le tengo piedad° a la higuera.

rough
branches
pity

En mi quinta° hay cien árboles bellos:
    ciruelos redondos,°
    limoneros rectos,°
y naranjos de brotes° lustrosos.

ranch
round plum trees
straight
shoots

    En la primavera,
todos ellos se cubren de flores
    en torno a° la higuera.

en... *around*

Y la pobre parece tan triste
con sus gajos torcidos° que nunca
de apretados capullos° se visten...

gajos... *twisted*
    branches
tight buds

    Por eso,
cada vez que yo paso a su lado
digo, procurando°
hacer dulce y alegre mi acento:
—Es la higuera el más bello
de los árboles todos del huerto.

striving for

    Si ella escucha,
si comprende el idioma en que hablo,
¡qué dulzura tan honda° hará nido°
en su alma° sensible de árbol:

dulzura... *deep*
    sweetness / nest
soul

    Y tal vez, a la noche,
cuando el viento abanique° su copa,°
embriagada° de gozo le cuente:
—Hoy a mí me dijeron hermosa.

fans / treetop
intoxicated

HERIB CAMPOS CERVERA   (Paraguay: 1908–1953)

Herib Campos Cervera dejó un solo libro, que tituló *Ceniza redimida*. Escribió poesía social, pero sus mejores poemas son aquellos en los que expresa su amor y su nostalgia por su tierra.

Un puñado° de tierra   *handful*

Un puñado de tierra
de tu profunda latitud;
de tu nivel de soledad perenne;°   *perpetual*
de tu frente de greda° cargada de sollozos germinales.°   *marl / budding*

Un puñado de tierra,
con el cariño simple de sus sales
y su desamparada° dulzura de raíces.   *helpless*

Un puñado de tierra que lleve entre sus labios
la sonrisa y la sangre de tus muertos.
Un puñado de tierra
para arrimar° a su encendido número   *to draw near*
todo el frío que viene del tiempo de morir.

Y algún resto de sombra de tu lenta arboleda°   *grove*
para que me custodie° los párpados° del sueño.   *guard / eyelids*

Quise de Ti tu noche de azahares;°   *orange blossoms*
quise tu meridiano caliente y forestal;
quise los alimentos minerales que pueblan°   *populate*
los duros litorales de tu cuerpo enterrado,°   *buried*
y quise la madera de tu pecho.

Eso quise de Ti.
—Patria de mi alegría y de mi duelo,°   *mourning*
eso quise de Ti.

JULIA DE BURGOS (Puerto Rico: 1916–1953)

Julia de Burgos pasó la mayor parte de su vida fuera de Puerto Rico (murió en Nueva York en 1953), y la pena del exilio se refleja en su poesía. En el poema que presentamos, la autora habla de su nostalgia del mar.

Letanía del mar

Mar mío,
mar profundo que comienzas en mí,
mar subterráneo y solo
de mi suelo de espadas° apretadas.   *swords*

Mar mío,
mar sin nombre,
desfiladero turbio° de mi canción despedazada,°   *muddy canyon /*
                                                       torn
roto y desconcertado° silencio transmarino,   *bewildered*
azul desesperado,
mar lecho,°   *bed*
mar sepulcro°...   *tomb*

Azul.
lívido azul,
para mis capullos° ensangrentados,°   *blossoms / stained*
                                                       with blood
para la ausencia de mi risa,
para la voz que oculta mi muerte con poemas...

Mar mío
mar lecho,
mar sin nombre,
mar a deshoras,°   *untimely*
mar en la espuma del sueño,
mar en la soledad desposando crepúsculos,°   *betrothing twilights*
mar viento descalzando mis últimos revuelos,°   *flying to and fro*
mar tú,
mar universo...

FRANCISCO MENA-AYLLÓN   (España: 1936–   )

Francisco Mena-Ayllón nació en Madrid pero vive en los Estados Unidos desde 1960. Ha publicado sus poemas en varias revistas españolas y latinoamericanas. Entre sus libros figuran *Retratos y reflejos, Sonata por un amor, Un grito a la vida* y *La tierra se ha vestido de vida.* El poema que presentamos a continuación pertenece a la colección *Retratos y reflejos.*

Otoño

De los temblorosos brazos
cae la dorado pluma.
Como barco en la mar
al aire se aventura.
Y navega el espacio
por tan solo un instante.
Otra...
    otra...
        otra...

Envidiosas persiguen
el rumbo siniestro
de la nada.
Y en el polvo mojado,
como pájaros muertos
se duelen
de no poder volver
al nido de la rama.

Comprensión

Basándose en los poemas presentados, conteste las siguientes preguntas.

1. ¿Qué clase de rima tiene cada uno de los poemas?
2. ¿Cuál es el estribillo en el poema «Masa», y qué logra el poeta al usarlo?
3. ¿Cuál es el tema del poema de César Vallejo?
4. En el poema de Juana de Ibarbouru, ¿por qué está triste la higuera?
5. ¿Qué le diría la higuera al viento si entendiera a la poetisa?
6. Herib Campos Cervera es un poeta paraguayo. Leyendo su poema «Un puñado de tierra», ¿cómo imagina usted el Paraguay?
7. ¿De qué manera expresa Julia de Burgos su obsesión por el mar que rodea su tierra y qué representa para ella ese mar?

8. ¿Qué tienen en común los poemas «Letanía del mar» y «Un puñado de tierra»?
9. ¿Qué símiles usa Francisco Mena-Ayllón en su poema «Otoño» para describir las hojas que caen de los árboles?
10. ¿Cuál es el tono de todos estos poemas?

Seis cuentos

◁ MANUEL GUTIÉRREZ NÁJERA (México: 1859–1895)

Manuel Gutiérrez Nájera fue el iniciador del Modernismo en México. Escribió poesía y prosa en un estilo que se caracteriza por la elegancia, el refinamiento, la ternura y el humor. Gutiérrez Nájera es uno de los escritores más productivos del Modernismo, y más que en el verso es un innovador de la prosa. Escribió dos colecciones de cuentos: *Cuentos frágiles* (1883) y *Cuentos de color de humo* (1890–1894). Sus mejores cuentos son «Rip-Rip», «La novela de tranvía» y «Mañana de San Juan».

Su primer volumen de versos llevaba el título de *Poesías* (1896) y entre su composiciones más famosas podemos citar «La serenata de Schubert», «Mis enlutadas», y «De blanco». Además de literato, Gutíerrez Nájera fue periodista y político.

Rip-Rip (*Adaptado*)

Este cuento yo no lo vi; pero creo que lo soñé. ¡Qué cosas ven los ojos cuando están cerrados!

¿De quién es la leyenda de Rip-Rip? Entiendo que la recogió Washington Irving, para darle forma literaria en alguno de sus libros. Sé que hay una ópera cómica con el propio título y con el mismo argumento. Pero no he leído el cuento del novelador e historiador norteamericano, ni he oído la ópera... pero he visto a Rip-Rip.

Rip-Rip, el que yo vi, se durmió, no sé por qué, en alguna caverna en la que entró... quién sabe para qué.

Pero no durmió tanto como el Rip-Rip de la leyenda. Creo que durmió diez años... tal vez cinco... tacaso uno... en fin, su sueño fue bastante corto: durmió mal. Pero el caso es que envejeció° dormido, porque eso les pasa a los que sueñan mucho. Y como Rip-Rip no tenía reloj, y como aunque lo hubiese tenido no le habría dado cuerda° cada veinticuatro horas; como no se habían inventado aún los calendarios, y como en los bosques no hay espejos, Rip-Rip no pudo darse cuenta de las horas, los días o los meses que habían pasado mientras él dormía, ni enterarse° de que era ya un anciano. Sucede casi siempre: mucho tiempo antes de que uno sepa que es viejo, los demás lo saben y lo dicen.

Rip-Rip, todavía algo soñoliento° y sintiendo vergüenza por haber pasado toda una noche fuera de su casa —él que era un esposo modelo— se dijo, no sin sobresalto: —¡Vamos al hogar!

Y allá va Rip-Rip con su barba muy blanca (que él creía muy rubia) cruzando a duras penas° aquellos caminos casi inaccesibles. Las piernas flaquearon;° pero él decía: —¡Es efecto del sueño! ¡Y no, era efecto de la vejez,° que no es suma de años, sino suma de sueños!

got old

wound

find out

sleepy

with great difficulty
*lacked strength / old
age*

Caminando, caminando, pensaba Rip-Rip: —¡Pobre mujercita mía! ¡Qué alarmada estará! Yo no me explico lo que ha pasado.

Debo de estar enfermo... muy enfermo. Salí al amanecer... está ahora amaneciendo... de modo que el día y la noche los pasé fuera de casa. Pero ¿qué hice? Yo no voy a la taberna: yo no bebo... Sin duda me sorprendió la enfermedad en el monte y caí sin sentido en esa gruta°... Ella me habrá buscado por todas partes... ¿Cómo no, si me quiere tanto y es tan buena? No ha de haber dormido... Estará llorando... ¡Y venir sola, en la noche, por estos caminos! Aunque sola... no, no ha de haber venido sola. En el pueblo me quieren bien, tengo muchos amigos... principalmente Juan, el del molino.° De seguro que, viendo la aflicción de ella, todos la habrán ayudado a buscarme. Juan principalmente. Pero ¿y la chiquita? ¿Y mi hija? ¿La traerán? ¿A tales horas? ¿Con este frío? Bien puede ser, porque ella me quiere tanto y quiere tanto a su hija y quiere tanto a los dos, que no dejaría por nadie sola a ella, ni dejaría por nadie de buscarme. ¡Qué imprudencia! ¿Le hará daño?... En fin, lo primero es que ella... pero, ¿cuál es ella?...

cave

mill

Y Rip-Rip andaba, andaba... y no podía correr.

Llegó por fin, al pueblo, que era casi el mismo... pero que no era el mismo. La torre de la parroquia° le pareció más blanca; la casa del Alcalde, más alta; la tienda principal, con otra puerta; y las gentes que veía, con otras caras. ¿Estaría aún medio dormido? ¿Seguiría enfermo?

parish

Al primer amigo a quien halló fue al señor Cura.° Era él: con su paraguas verde; con su sombrero alto, que era lo más alto de todo el vecindario; con su Breviario siempre cerrado; con su sotana negra.

Catholic priest

—Señor Cura, buenos días.

—Perdona, hijo.

—No tuve yo la culpa, señor Cura... no me he emborrachado... no he hecho nada malo... La pobrecita de mi mujer...

—Te dije ya que perdonaras. Y anda; ve a otra parte, porque aquí sobran limosneros.°

beggars

¿Limosneros? ¿Por qué le hablaba así el Cura? Jamás había pedido limosna. No daba para la iglesia porque no tenía dinero. No asistía a los sermones de cuaresma,° porque trabajaba en todo tiempo de la noche a la mañana. Pero iba a la misa de siete todos los días de fiesta, y confesaba y comulgaba° cada año. No había razón para que el cura lo tratase con desprecio. ¡No la había!

Lent

took communion

Y lo dejó ir sin decirle nada, porque sentía tentaciones de pegarle... y era el cura.

Con paso muy rápido siguió Rip-Rip su camino. Afortunadamente la casa estaba muy cerca... Ya veía la luz de sus ventanas... Y como la puerta estaba más lejos que las ventanas, acercóse a la primera de éstas para llamar, para decirle a Luz: —¡Aquí estoy! ¡Ya no te preocupes!

No hubo necesidad de que llamara. La ventana estaba abierta: Luz cosía° tranquilamente, y, en el momento en que Rip-Rip llegó, Juan —el del molino— la besaba en los labios.

was sewing

—¿Vuelves pronto, hijito?

Rip-Rip sintió que todo era rojo en torno° suyo. ¡Miserable! ¡Miserable!... *around*
Temblando como un ebrio° o como un viejo entró en la casa. Quería matar *drunk*
pero estaba tan débil, que al llegar a la sala en que hablaban ellos, cayó al
suelo. No podía levantarse, no podía hablar, pero sí podía tener los ojos
abiertos, muy abiertos para ver cómo palidecían de espanto la esposa adúltera
y el amigo traidor.

Y los dos palidecieron. Un grito de ella —¡el mismo grito que el pobre
Rip-Rip había oído cuando un ladrón entró en la casa!— y luego los brazos
de Juan que lo ayudaban caritativos, para levantarlo del suelo.

Rip-Rip hubiera dado su vida también por poder decir una palabra, una
blasfemia.

—No está borracho, Luz, es un enfermo.

Y Luz, aunque con miedo todavía, se aproximó al desconocido vaga-
bundo.

—¡Pobre viejo! ¿Qué tendrá? Tal vez venía a pedir limosna y se cayó
desfallecido de hambre.

—Pero si algo le damos, podría hacerle daño. Lo llevaré primero a mi
cama.

—No, a tu cama no, que está muy sucio el infeliz. Llamaré al mozo, y
entre tú y él lo llevarán a la botica.° *pharmacy*

La niña entró en esos momentos.

—¡Mamá, mamá!

—No te asustes, mi vida, si es un hombre.

—¡Qué feo mamá! ¡Qué miedo! ¡Es como el coco!° *boogeyman*

Y Rip oía.

Veía también; pero no estaba seguro de qué veía. Esa salita era la misma...
la de él. En ese sillón de cuero se sentaba por las noches cuando volvía cansado,
después de haber vendido el trigo de su tierrita en el molino de que Juan era
administrador. Esas cortinas de la ventana eran su lujo. Las compró a costa
de muchos ahorros y de muchos sacrificios. Aquél era Juan, aquélla, Luz...
pero no eran los mismos. ¡Y la chiquita no era la chiquita!

¿Se había muerto? ¿Estaría loco? ¡Pero él sentía que estaba vivo! Escu-
chaba... veía... como se oye y se ve en las pesadillas.

Lo llevaron a la botica en hombros, y allí lo dejaron, porque la niña se
asustaba de él. Luz fue con Juan... y a nadie extrañó que fueran del brazo y
que ella abandonara, casi moribundo,° a su marido. No podía moverse, no *dying*
podía gritar, decir: ¡Soy Rip!

Por fin, lo dijo, después de muchas horas, tal vez de muchos años, o
quizá de muchos siglos. Pero no lo conocieron, no lo quisieron conocer.

—¡Desgraciado! ¡Es un loco! —dijo el boticario.

—Hay que llevarlo al señor alcalde,° porque puede ser furioso —dijo *mayor*
otro.

—Sí, es verdad, lo amarraremos° si resiste. *will tie*

Y ya iban a amarrarlo; pero el dolor y la ira habían devuelto a Rip sus
fuerzas. Como perro rabioso atacó a sus verdugos,° consiguió escapar, y echó *executioners*
a correr. Iba a su casa... ¡iba a matar! Pero la gente lo seguía, lo acorralaba.° *cornered*
Era aquello una cacería,° y él era la fiera. *hunting party*

El instinto de la propia conservación fue más fuerte que todo. Lo primero era salir del pueblo, llegar al monte, esconderse y volver más tarde, con la noche, a vengarse, a hacer justicia.

Logró por fin burlar a sus perseguidores. ¡Allá va Rip como lobo hambriento! ¡Allá va por lo más intrincado de la selva! Tenía sed... la sed que han de sentir los incendios. Y se fue derecho al manantial°... a beber, a hundirse en el agua y golpearla con los brazos... quizá, quizá a ahogarse. Se acercó al arroyo, y allí a la superficie, salió la muerte a recibirlo. ¡Sí; porque era la muerte en figura de hombre, la imagen de aquel decrépito que se asomaba en el cristal de la onda!° Sin duda venía por él ese lívido espectro. No era de carne y hueso, ciertamente; no era un hombre, porque se movía a la vez que Rip, y esos movimientos no agitaban el agua. ¡Y no era Rip, no era él! Era como uno de sus abuelos que se le aparecían para llevarlo con el padre muerto. —Pero ¿y mi sombra? —pensaba Rip—. ¿Por qué no se retrata mi cuerpo en ese espejo? ¿Por qué veo y grito, y el eco de esa montaña no repite mi voz sino otra voz desconocida?

¡Y allá fue Rip a buscarse en el seno de las ondas! Y el viejo, seguramente, se lo llevó con el padre muerto, porque Rip no ha vuelto.

spring

wave

•   •   •

¿Verdad que éste es un sueño extravagante?

Yo veía a Rip muy pobre, lo veía rico, lo miraba joven, lo miraba viejo... no era un hombre, eran muchos hombres... tal vez todos los hombres. No me explico cómo Rip no pudo hablar; ni cómo su mujer y su amigo no lo conocieron, a pesar de que estaba tan viejo; ni sé cuántos años estuvo dormido o aletargado° en esa gruta.

¿Cuánto tiempo durmió? ¿Cuánto tiempo se necesita para que los seres que amamos y que nos aman nos olviden? ¿Olvidar es delito?° ¿Los que olvidan son malos? Ya veis qué buenos fueron Luz y Juan cuando socorrieron al pobre Rip que se moría; la niña se asustó; pero no podemos culparla: no se acordaba de su padre, todos eran inocentes; todos eran buenos... y sin embargo, todo esto da mucha tristeza.

Hizo muy bien Jesús de Nazareno en no resucitar más que a un solo hombre, y eso a un hombre que no tenía mujer, que no tenía hijas y que acababa de morir. Es bueno echar mucha tierra sobre los cadáveres.

lethargic

crime

Díganos...

1. ¿Qué nos dice el autor sobre la leyenda de Rip-Rip?
2. ¿Qué le pasó al Rip-Rip de la historia?
3. ¿Por qué no pudo Rip-Rip darse cuenta de que envejecía?
4. ¿Qué pensaba Rip-Rip mientras iba hacia su casa?
5. ¿Qué cree él que habrá hecho su esposa?
6. ¿Qué cambios encontró Rip-Rip en el pueblo?
7. ¿Qué pasó cuando Rip-Rip se encontró con el Cura?
8. ¿Qué vio Rip-Rip a través de la ventana de su casa?

9. ¿Reconocieron a Rip-Rip su esposa y su hija? ¿Por qué?
10. ¿Qué hizo Rip-Rip cuando iban a amarrarlo?
11. ¿Qué vio Rip-Rip cuando fue a beber en el manantial?
12. ¿Por qué dice el autor que es bueno echar mucha tierra sobre los cadáveres?

HUGO RODRÍGUEZ-ALCALÁ   (Paraguay: 1917–   )

Hugo Rodríguez Alcalá publicó sus dos primeros libros de poesía en 1939: *Poemas* y *Estampas de la guerra*. Este último influyó más tarde sobre la literatura de su país, evocadora de aquellos años trágicos.

Este escritor paraguayo ha publicado gran número de estudios literarios en revistas del norte y sur del continente a partir de 1950, pero la mayoría de sus libros han aparecido en México. Entre ellos figuran *Misión y pensamiento de Francisco Romero* (1959), *Ensayos de norte a sur* (1960), *Abril que cruza el mundo* (1960), *El arte de Juan Rulfo* (1965) y *Sugestión e ilusión* (1966).

Muchos de sus cuentos han sido publicados en periódicos argentinos y paraguayos. Su relato «El as de espadas», que presentamos a continuación, se inspira en un suceso de la historia política del Paraguay: el asesinato del presidente Gill en 1887.

El as de espadas *(Adaptado)*

—Ahí viene —les dije a mis amigos reunidos aquella siesta en mi casa. Y les señalé,° a través de la persiana° entornada, la obesa figura de nuestro enemigo. Con pasos lentos y pesados el hombre avanzaba solo por la calle ardiente de sol. Contra las blancas fachadas° de la casonas coloniales, destacaban su levita° negra y su sombrero de felpa. Abochornado° por el calor y el enorme almuerzo reciente, el hombre jadeaba° entre los grandes bigotes. Su levita, abierta sobre el vientre° voluminoso, dejaba ver una gruesa cadena de oro.

Cuando llegó al pie de uno de los balcones de la casa que quedaba frente a la mía, el hombre se detuvo un instante, sacó del bolsillo un pañuelo y se enjugó el ancho rostro enrojecido y sudoroso.° Luego, conservando el pañuelo en la mano izquierda, continuó su lenta marcha. Su bastón° de empuñadura° de plata golpeaba secamente la caliente acera.

Eran las dos de la tarde. A aquella misma hora, todos los días, «Su excelencia», como lo llamábamos, pasaba por mi casa camino° del palacio.

Me volví hacia el grupo de amigos parados detrás de la persiana y los miré sucesivamente en los ojos. Éramos siete, y los siete, jóvenes. Ninguno había cumplido los treinta. Los miré en los ojos, digo, y en todas aquellas pupilas rencorosas leí el mismo propósito que hacía meses me robaba el sueño.

Echaremos suertes° —dije en voz baja—. Y, mañana a esta misma hora uno de los siete le hará fuego desde aquí.

Debíamos tomar precauciones porque la policía nos vigilaba.° Esta vigilancia se había intensificado después de la última campaña periodística que yo dirigía, y nos veíamos siempre rodeados de espías aún cuando sólo nos reuníamos para divertirnos.

—Aprobado —contestaron mis amigos.

pointed / wooden shutter

façades

frock coat / overheated

panted

belly

sweaty

walking stick / handle

on his way

We'll cast lots

were watching

Echamos suertes de naipes° con el acuerdo de que aquél a quien le tocara *cards*
el as de espadas° sería el que disparara el tiro. No me tocó a mí la suerte *ace of spades*
sino a Fermín Gutiérrez. Cuando Gutiérrez vio que su naipe era el as de
espadas, palideció.

—Está bien —dijo—. Mañana a las dos.

Y en seguida todos se fueron. Yo me quedé en casa limpiando el viejo
fusil° de mi padre y quemando cartas y papeles. Cuando oscureció salí en *rifle*
busca de un hombre de confianza a quien le pedí que me tuviera listos siete
buenos caballos frente a la puerta del café *Libertad*. Después fui a la playa
del río donde vivía un botero adicto y le ordené que me esperara con dos
carabinas en su bote a las dos y cuarto de la tarde del día siguiente, a fin de
que pudiera llevarme, en la brevedad posible, a la orilla opuesta del río.

De regreso a mi casa vi arder un cigarro en la oscura esquina de mi calle
y creí reconocer en el fumador, por su manera cautelosa de moverse, a uno
de los espías de «Su excelencia».

Entré en mi casa, me acosté y traté de leer a la luz de la lámpara de
kerosén. Pero no podía concentrarme en la lectura. ¡Gutiérrez se acababa de
casar y a él le tocaba la suerte! Por fin, ya bien tarde, apagué la luz y me
dormí profundamente hasta bien entrada la mañana.

A la una y media en punto llegaron mis amigos. Gutiérrez estaba lívido.
Todos estaban nerviosos, menos yo. Yo sentía una alegría rabiosa e impaciente.

Sin decir una palabra le di el fusil a Gutiérrez. Era un arma anticuada
aunque excelente, y de grosísimo calibre. El fusil se cargaba° por la boca. *was loaded*
Gutiérrez comenzó a cargarlo con manos inseguras.

—Más pólvora° —le dije al ver que no utilizaba lo suficiente. Gutiérrez *gunpowder*
derramó un nuevo chorro de granos negros y brillantes por la boca del arma.
Después, esperamos. Hacía un calor terrible aquella siesta. Después de un
rato se oyeron unos pasos lentos en la acera de enfrente y el golpe acompasado
de un bastón. Era él.

Gutiérrez colocó el fusil entre dos de las maderas polvorientas° de la *dusty*
persiana y apuntó. En ese momento pudimos ver de lleno la cara del hombre
obeso: vimos, de frente, sus grandes mostachos. El hombre miraba hacia el
balcón de mi casa. Gutiérrez retrocedió un paso, bañado en sudor, todo
trémulo y demudado,° diciendo en voy muy baja e intensa: *altered*

—No, no puedo, no puedo hoy—. Y dejó el fusil amartillado° sobre los *cocked*
brazos de un sillón próximo.

Yo me abalancé hacia el sillón, tomé el arma y volví a la persiana. Pero
mis amigos me contuvieron porque en ese instante sonaron cascos de caballos
en la calzada.° Pronto vimos un pelotón de carabineros pasar por la calle y *street*
saludar militarmente a «Su excelencia». Nuestro enemigo contestó el saludo
levantando el bastón con la mano obesa y peluda.° *hairy*

Nos separamos los siete amigos con la promesa de encontrarnos todos,
al día siguiente, a la misma hora, en mi casa, y con el acuerdo unánime de
que sería yo y no Gutiérrez el que disparara el fusil.

El hombre que nos alistara° los caballos y el hombre del bote recibieron *prepared*
nuevo aviso.

Al día siguiente —fue un martes 13, parece mentira—, al día siguiente,
a la una y media en punto, volvieron mis amigos. Media hora después se
oyeron los pasos lentos de «Su excelencia» sobre la acera de enfrente. Cuando
la figura de mi enemigo se dibujó obesa, enorme, sobre la puerta roja de la
casa de enfrente, disparé.° El hombre se desplomó° hacia adelante; cayó sobre *shot / fell*
su vientre sin más ruido que el de la empuñadura de plata del bastón al dar
sobre la acera.

Yo llegué al galope a la playa del río donde el bote me esperaba y me
puse a salvo. A mis espaldas, la ciudad estaba llena de estampidos.° Mis *shots*
amigos, que tomaron un rumbo opuesto al mío, fueron alcanzados por los
carabineros y muertos° a tiros o a sablazos.° Sí, de los siete, sólo yo me salvé. *killed / blows from a saber*

Han pasado veinticinco años, señores. Pero, como si el día aquel de mi
venganza fuera ayer, ¡todavía hoy lamento que, cuando detrás de la persiana
le descargué el fusil, aquel cerdo° obeso no hubiera visto al caer de bruces° *pig / on his face*
que fui yo, y nadie más que yo, el que le hizo fuego!

Díganos...

1. ¿Qué sabemos de «Su excelencia» y qué imágenes usa el autor para presentarlo como figura repulsiva?
2. ¿Qué papel juega el naipe en el cuento?
3. ¿Para qué se reunían los amigos en la casa del narrador?
4. ¿Por qué era necesario tomar precauciones?
5. ¿Qué hicieron para decidir quién mataría a «Su excelencia» y a quién le tocó la suerte?
6. ¿Qué cosas hizo el narrador para preparar la huida?
7. ¿Qué pasó al día siguiente?
8. ¿Por qué decidieron que sería el narrador quien matara a «Su excelencia»?
9. ¿Qué día se reunieron otra vez los amigos para asesinar al presidente? ¿Qué pasó?
10. ¿Quién fue el único que se salvó y cuál fue la suerte de los otros?
11. ¿Cuántos años han pasado desde este suceso?
12. ¿Qué es lo único que lamenta el narrador?

EMILIA PARDO BAZÁN   (España: 1851–1925)

Emilia Pardo Bazán fue la primera mujer que ocupó una cátedra en la Universidad de Madrid. Está considerada como una de las novelistas más importantes del siglo XIX, y fue la que introdujo el naturalismo en España con su obra *La cuestión palpitante*.

Además de novelas, escribió unos 400 cuentos que han sido considerados por los críticos como lo mejor en su género. Sus narraciones son breves, intensas, dramáticas y convincentes.

La caja de oro (*Adaptado*)

Siempre la había visto sobre su mesa, al alcance° de su mano bonita, que a veces se entretenía en acariciar la tapa° suavemente; pero no me era posible averiguar lo que contenía aquella caja de filigrana de oro con esmaltes° finísimos, porque apenas intentaba coger el juguete, su dueña lo escondía rápida y nerviosamente en los bolsillos de la bata,° o en lugares todavía más recónditos, haciéndola así inaccesible.

    Y cuanto más la ocultaba su dueña, mayor era mi deseo de enterarme de lo que la caja contenía. ¡Misterio irritante y tentador! ¿Qué guardaba la artística cajita? ¿Bombones? ¿Polvos de arroz? ¿Esencias? Si encerraba alguna de estas cosas tan inofensivas,° ¿por qué ocultarlo? ¿ Escondía una fotografía, una flor seca, pelo? Imposible: tales cosas, o se llevan mucho más cerca o descansan sobre el corazón, o se guardan en un lugar bien cerrado, bien seguro...

    Llámenme indiscreto, entrometido,° impertinente. Lo cierto es que la cajita me volvía loco, y usados todos los medios legales, puse en juego los ilícitos y heroicos... Me mostré enamoradísimo de la dueña, cuando sólo lo estaba de la cajita de oro; cortejé° en apariencia a una mujer, cuando sólo cortejaba un secreto; hice como si° persiguiese la dicha... cuando sólo perseguía la satisfacción de la curiosidad. Y la suerte, que acaso me negaría la victoria si la victoria realmente me importase, me la concedió... por lo mismo que al concedérmela me echaba encima un remordimiento.

    No obstante, después de mi triunfo, la que ya me entregaba su amor, defendía aún, con invencible obstinación, el misterio de la cajita de oro. Con coqueterías o repentinas y melancólicas reservas; discutiendo o bromeando, utilizando la ternura o las amenazas del desamor, suplicante o enojado—, nada obtuve; la dueña de la caja persistió en negarse a que me enterase de su contenido, como si dentro del lindo objeto existiese la prueba de algún crimen.

    Me repugnaba emplear la fuerza, y además, quise deber al cariño y sólo al cariño de la hermosa la clave° del enigma. Insistí, utilicé todos los recursos, y como el artista que cultiva por medio de las reglas la inspiración, llegué a

within reach
lid

enamel

gown

harmless

meddler

I courted
I pretended

clue

tal grado de maestría en la comedia del sentimiento, que logré convencerla. Un día en que algunas fingidas lágrimas acreditaron mis celos, mi persuasión de que la cajita encerraba la imagen de un rival, de alguien que aún me disputaba el alma de aquella mujer, la vi demudarse, temblar, palidecer, echarme al cuello los brazos y exclamar, por fin, con sinceridad que me avergonzó:

—¡Qué no haría yo por ti! Lo has querido... pues sea. Ahora mismo verás lo que hay en la caja.

Apretó un resorte;° la tapa de la caja se alzó y vi en el fondo unas cuantas bolitas blancas, secas. Miré sin comprender, y ella, reprimiendo un sollozo, dijo solemnemente:

spring

—Esas píldoras me la vendió un curandero° que realizaba curas milagrosas° en la gente de mi pueblo. Se las pagué muy caras, y me aseguró que, tomando una al sentirme enferma, tengo asegurada la vida. Sólo me advirtió que si las apartaba de mí o se las enseñaba a alguien, perdían su poder. Será superstición o lo que quieras: lo cierto es que he seguido la prescripción del curandero, y no sólo se me quitaron achaques° que sufría (pues soy muy débil) sino que he gozado salud envidiable. Insististe en averiguar... Lo conseguiste... Para mí vales tú más que la salud y que la vida. Ya no tengo panacea, ya mi remedio ha perdido su eficacia: sírveme de remedio tú; quiéreme mucho, y viviré.

witch doctor
miraculous

indispositions

Me quedé frío. Logrado mi propósito, no encontraba dentro de la cajita sino la desilusión... un engaño... y el cargo de conciencia del daño causado a la persona que tanto me amaba. Mi curiosidad, como todas las curiosidades, desde la fatal del Paraíso hasta la no menos funesta de la ciencia contemporánea, llevaba en sí misma su castigo y su maldición.° Daría entonces algo bueno por no haber puesto en la cajita los ojos. Y tan arrepentido que me creí enamorado; cayendo de rodillas a los pies de la mujer sollozaba, tartamudeé:°

curse

I stuttered

—No tengas miedo... Todo eso es una farsa, una mentira... El curandero mintió... Vivirás, vivirás mil años... Y aunque hubiesen perdido su virtud las píldoras, ¿qué? Nos vamos a tu pueblo y compramos otras... Todo mi capital le doy al curandero por ellas.

Me abrazó, y sonriendo en medio de su angustia, murmuró en mi oído:

—El curandero ha muerto.

Desde entonces la dueña de la cajita —que ya no la ocultaba ni la miraba siquiera, dejándola cubrirse de polvo en un rincón de la estantería°— empezó a debilitarse, presentando todos los síntomas de una enfermedad que ningún remedio podía curar. Cualquiera que no me tenga por un monstruo supondrá que la cuidé con caridad y abnegación; porque otra cosa no había en mí para aquella mujer de quien había sido verdugo° involuntario. Ella se moría, quizás de tristeza, quizás de aprensión, pero por mi culpa; y yo no podía ofrecerle a cambio de la vida que le había robado, lo que todo lo compensa: el don° de mí mismo, incondicional, absoluto. Intenté engañarla santamente para hacerla feliz, y ella, con tardía lucidez, adivinó mi indiferencia y mi disimulado tedio, y cada vez se inclinó más hacia el sepulcro.

shelves

executioner

gift

Y al fin cayó en él, sin que ni los recursos de la ciencia ni mis cuidados consiguiesen salvarla. De todas las memorias que quiso legarme° su amor, sólo recogí le caja de oro. Aún contenía las famosas píldoras, y cierto día se me ocurrió que las analizase un químico amigo mío, pues todavía no se daba por satisfecha mi maldita° curiosidad. Al preguntar el resultado del análisis, el químico se echó a reír.

bequeath to me

damned

—Ya podía usted figurarse —dijo— que las píldoras eran de miga° de pan. El curandero (¡si sería listo!) mandó que no las viese nadie... para que a nadie se le ocurriese analizarlas. ¡El maldito análisis lo seca todo!

crumb

Díganos...

1. ¿Qué es lo que el protagonista del cuento quería averiguar?
2. ¿Qué cosas se imaginaba él que contenía la cajita?
3. ¿Qué hizo para lograr descubrir el secreto de la cajita?
4. ¿Qué había en la cajita?
5. ¿Para qué servían las «píldoras»?
6. ¿Cómo se sintió el protagonista del cuento después de lograr su propósito?
7. ¿Cómo trató de remediar el daño causado?
8. ¿Qué le pasó a la dueña de las píldoras?
9. ¿Qué demostró el análisis de la «píldoras»?
10. ¿Tiene el cuento un final inesperado?

OLGA CARRERAS GONZÁLEZ   (Cuba: 1930–   )

Nació en Camagüey, Cuba. Se graduó de abogada en la Universidad de la Habana y obtuvo un doctorado en Literatura Española en la Universidad de California, Riverside. Ha publicado numerosos artículos en revistas literarias de Estados Unidos, Hispanoamérica y España. Es autora de un libro crítico sobre la obra de Gabriel García Márquez: *El mundo de Macondo en la obra de Gabriel García Márquez.* Actualmente es profesora de lengua y literatura española en la Universidad de Redlands, California.

La venganza

Miró nerviosamente el relojito. Hubiera querido que sus manecillas° volaran por la esfera° y la acercaran al instante ansiado.° El coche corría velozmente, pero con más lentitud que sus pensamientos. La niebla suave que casi sentía palpable como un algodón,° la ayudaba en su alejarse° del mundo, la hacía sentir la dulzura de lo impreciso. Esas líneas difumadas eran el mundo para ella, sólo él estaba claro en su mente, sólo su amor, su deseo, sus caricias no se disipaban en la niebla. Corría hacia su amante, era la última oportunidad de su vida, una hora más y estaría en sus brazos definitivamente. —Definitivamente —repitió la palabra de nuevo en voz alta, saboreándola,° sintiendo su dulzor° de fruta en sazón. Volvieron a su mente los años vividos antes de conocerlo, su vida como un río de aguas quietas, su matrimonio que ella ingenuamente° creyó por amor, el esposo bondadoso, dulce, comprensivo. El encuentro de un despertar de ansias desconocidas, las dudas, los remordimientos, las indecisiones, el dolor de herir° al hombre que la adoraba. Ahora se preguntaba cómo había podido esperar tanto, cómo había podido dudar durante días interminables. Quizás sin las palabras del amante —Hoy a las cuatro o nunca, me iré donde no me encuentres jamás— no se hubiera atrevido° a confesarle a Gabriel sus sentimientos. Aquellas palabras y la seguridad de que eran definitivas, le dieron la fuerza hasta para aplastarlo° si hubiera sido necesario. ¡Pero no lo fue!, Gabriel era tan comprensivo, la amaba hasta el extremo de anteponer su felicidad a la propia. Comprendió, la dejó marchar hacia la culminación de su destino.

No necesitaba mirar de nuevo el relojito. Los minutos los marcaba su sangre gozosa,° los sentía latir en sus venas, menos de una hora ya y estaría en sus brazos para siempre, protegida, segura, ansiosa y viva como no lo había estado jamás.

Algo la arrancó bruscamente de aquel ensueño feliz. Aquel hombre que agitaba° los brazos desesperado, junto al coche rojo detenido al borde de la carretera, el coche de Gabriel, ¿qué hacía él allí? Buscaba seguramente el último recuerdo, la despedida final que atesorar° en horas de soledad. Seguiría,

hands
face / longed for

cotton / her getting away

tasting it
sweetness

naively

hurt

dared
crush him

joyful

was waving

treasure

no quería perder un instante de felicidad. Pero recordó que llevada por sus ansias había salido con anticipación, tenía unos instantes que entregar como una limosna° a aquel hombre, por su comprensión, su bondad, su ternura, ¡bien los merecía Gabriel! Tuvo que hacer, sin embargo, un esfuerzo de voluntad para detener el coche. *alm*

El desconocido, casi un niño asustado, parecido a Gabriel como el hijo que hubieran podido tener, aprovechando su confusión la arrastró° hacia el maletero del coche. Sintió el pañuelo que se anudaba lastimándole los labios. A sus oídos llegaban palabras aisladas, sin sentido, palabras increíbles que no penetraban la oscuridad de su mente: «policía... el coche roto... huir... la salvación... sólo unos minutos». Y esa sola frase tuvo sentido. Unos minutos... tenía varios que perder, todavía había esperanzas. Se dejó llevar sin ofrecer resistencia, casi corrió ella misma hacia el maletero, lo único que importaba era el tiempo, el tiempo y él. Hubiera querido gritarle a aquel hombre — pronto, pronto— pero no podía decir una palabra y su cerebro se centraba en esa sola idea y no funcionaba para nada más. *dragged*

Sintió alivio al arrancar° el auto, al notar la velocidad que la acercaba al amante. Un frenazo y el coche se torció° como una víbora°. Unos minutos... ¡pero en sentido contrario°: Se alejaba de él y el tiempo pasaba inexorable, uno... dos... quince... segundos... minutos... Nunca más, decían las ruedas, nunca más repetían sus sentidos. Nunca más. *start / twisted / snake / the opposite way*

¡Oh detente, detente tiempo unos minutos, no quiero, no quiero que pases, detente! Y la seguridad de haberlo perdido que la ganaba por instantes, aquel miedo que subía lentamente por sus miembros como una parálisis. Contaba, recontaba los minutos. Estaba segura del tiempo como si un reloj gigante estuviera ante sus ojos. Jamás... jamás... repetían los latidos, el titac de aquel reloj enorme en que se sentía convertida.

Nada importaba ya, no llegaría jamás, los brazos de él no la ampararían ya del mundo, de las miserias, del dolor, del miedo. Todos los minutos soñados, ansiados, vividos con la imaginación no se harían realidad. La imagen de él se borraba como antes las cosas en la niebla. A cada instante menos de él, menos de sus manos, menos de sus ojos, menos de su calor. Se iba hundiendo° en la seguridad que la poseía de haberlo perdido. *sinking*

Sintió el coche detenerse. El raptor° había cumplido° su promesa: «sólo unos minutos». Oyó los pasos apresurados, ¿temía encontrar su cadáver? Estaba viva, sus pulmones° habían soportado la prueba; el aire viciado, caliente, sofocante que aspiraba a chorros había bastado para conservar su vida, ¿su vida? Su vida se había perdido con cada pulsación de su sangre que anunciaba un segundo más. Ya nada quedaba. Sin dudarlo, fríamente, casi con alegría, la última que la vida habría de brindarle, tomó el pequeño revólver que guardaba en la caja de herramientas.° Acarició el gatillo° como a una piel amada y recuperó por un instante el calor del amante. Al abrirse la cajuela del coche lo apretó con firmeza. Y, sintió caer el cuerpo con la serenidad del que cumple un rito. *kidnapper / kept / lungs / caja...tool box / trigger*

Díganos...

1. ¿Qué era lo único que estaba claro en la mente de la protagonista?
2. ¿Cómo describe su vida antes de conocer a su amante?
3. ¿Qué va a pasar hoy a las cuatro de la tarde?
4. ¿Qué dice ella de Gabriel?
5. ¿Por qué se detiene la protagonista en el camino?
6. ¿Qué hace el hombre que está junto al coche?
7. ¿Cómo muestra la escritora la angustia de la protagonista ante el paso del tiempo?
8. ¿Por qué mata la protagonista a su raptor?

JOSÉ MARTÍ   (Cuba: 1853–1895)

José Martí, famoso escritor y patriota cubano, nació en La Habana en 1853. Dedicó su vida y su obra a la independencia de Cuba, donde murió en el campo de batalla en 1895.

Martí es famoso no sólo como poeta y ensayista, sino también como orador. Con su palabra logró unir a todos los cubanos y los llevó a la lucha, pues con su poder convincente lograba conmover a las muchedumbres.[1]

Martí es el creador de la prosa artística, que se caracteriza por la melodía, el ritmo y el uso de frases cortas, con las que expresa ideas muy profundas.

Los temas predilectos[2] de Martí son la libertad, la justicia, la independencia de su patria y la defensa de los pobres, de los humildes y de los oprimidos.

El crítico Anderson-Imbert ha dicho de él: «Es uno de los lujos que la lengua española puede ofrecer a un público universal.»

Entre sus obras poéticas tenemos *Ismaelillo* (1882), *Versos sencillos* (1891), *Versos libres* (1913) y *Flores del destierro* (1933). También cultivó el cuento infantil. Sin embargo, lo más sobresaliente de su obra son sus ensayos.

Mi raza *(Selección adaptada)*

Ésa de racista es una palabra confusa y hay que ponerla en claro. El hombre no tiene ningún derecho especial porque pertenezca a una raza o a otra: dígase hombre, y ya se dicen todos los derechos. El negro, por negro, no es inferior ni superior a ningún otro hombre; peca por redundante el blanco que dice «Mi raza»; peca por redundante el negro que dice «Mi raza». Todo lo que divide a los hombres, todo lo que especifica, aparta o acorrala es un pecado contra la humanidad. ¿A qué blanco sensato se le ocurre envanecerse° de ser blanco, y ¿qué piensan los negros del blanco que se envanece de serlo? ¿Qué han de pensar los blancos del negro que se envanece de su color? Insistir en las divisiones de raza, en las diferencias de raza, de un pueblo naturalmente dividido, es dificultar la ventura° pública y la individual.

Si se dice que en el negro no hay culpa aborigen ni virus que lo inhabilite° para desenvolver° toda su alma de hombre, se dice la verdad, y es necesario que se diga y se demuestre, porque la injusticia de este mundo es mucha, y es mucha la ignorancia que pasa por sabiduría, y aún hay quien cree de buena fe al negro incapaz de la inteligencia y el corazón del blanco... Si se aleja de la condición de esclavitud, no acusa inferioridad la raza esclava, puesto que los galos° blancos, de ojos azules y cabellos de oro, se vendieron como siervos,° con la argolla° al cuello, en los mercados de Roma; eso es racismo bueno, porque es pura justicia y ayuda a quitar prejuicios al blanco ignorante. Pero

to become vain

happiness
disqualifies
to develop

Welsh / slaves
large ring

----

[1]crowds / [2]favorite

ahí acaba el racismo justo, que es el derecho del negro a mantener y a probar que su color no le priva de ninguna de las capacidades y derechos de la especie humana.

El racista blanco que le cree a su raza derechos superiores, ¿qué derechos tiene para quejarse del racista negro que también le vea especialidad a su raza? El racista negro que ve en su raza un carácter especial, ¿qué derecho tiene para quejarse del racista blanco? El hombre blanco que, por razón de su raza, se cree superior al hombre negro, admite la idea de la raza y autoriza y provoca al racista negro. El hombre negro que proclama su raza, cuando lo que acaso proclama únicamente en esta forma errónea es la identidad espiritual de todas la razas, autoriza y provoca al racista blanco. La paz pide los derechos comunes de la naturaleza; los derechos diferenciales, contrarios a la naturaleza, son enemigos de la paz. El blanco que se aísla, aísla al negro. El negro que se aísla, provoca a aislarse al blanco.

En Cuba no hay temor a la guerra de razas. Hombre es más que blanco, más que mulato, más que negro. En los campos de batalla murieron por Cuba, han subido juntas por los aires, las almas de los blancos y de los negros. En la vida diaria de defensa, de lealtad, de hermandad,° de astucia, al lado — *brotherhood* de cada blanco hubo siempre un negro. Los negros, como los blancos, se dividen por sus caracteres, tímidos o valerosos, abnegados o egoístas...

Los negros están demasiado cansados de la esclavitud para entrar voluntariamente en la esclavitud del color. Los hombres de pompa° e interés se — *grandeur* irán de un lado, blancos o negros; y los hombres generosos y desinteresados se irán de otro. Los hombres verdaderos, negros o blancos, se tratarán con lealtad y ternura, por el gusto del mérito y el orgullo de todo lo que honre la tierra en que nacimos, negro o blanco. No cabe duda de que la palabra racista caerá de los labios de los negros que la usan hoy de buena fe, cuando, entiendan que ella es el único argumento de apariencia válida y de validez en hombres asustadizos,° para negar al negro la plenitud° de sus derechos de — *fearful / fullness* hombre. Dos racistas serían igualmente culpables: el racista blanco y el racista negro. Muchos blancos se han olvidado ya de su color, y muchos negros. Juntos trabajan blancos y negros, por el cultivo° de la mente, por la propa- — *improvement* gación de la virtud y por el triunfo del trabajo creador y de la caridad sublime.

Díganos...

1. ¿Tiene algún derecho especial un hombre porque pertenezca a una raza determinada?
2. ¿Qué consecuencias trae el insistir en las divisiones de raza?
3. ¿Ha existido la esclavitud en la raza negra solamente? Cite ejemplos de esclavitud en otras razas.
4. ¿Qué consecuencias trae el racismo, ya sea en los negros o en los blancos?
5. ¿Cuáles son, según Martí, los enemigos de la paz?
6. «Hombre es más que blanco, más que mulato, más que negro.» Explique usted en sus propias palabras este sentimiento de José Martí.

7. ¿De acuerdo con qué factores se agrupan los seres humanos —blancos o negros?
8. ¿Qué quiere decir Martí al hablar de «la esclavitud del color»?
9. ¿Cuándo dejarán los negros de usar la palabra «racista»?
10. ¿Qué beneficios trae para la sociedad el que blancos y negros olviden las diferencias de color?

△ JULIO CAMBA   (España: 1882–1962)   Λ

Un cumpleaños <u>(_Selección Adaptada_)</u>

Acabo de cumplir° setenta años y no salgo de mi sorpresa. Jamás creí que
llegase un día a cumplirlos. Cuando yo era joven, no había apenas hombres
de setenta años en el mundo. Los hombres de setenta años, consecuencia
directa de las vitaminas, de los antibióticos, y de tantas otras cosas, son una
creación exclusivamente moderna y constituyen, aunque a uno no le esté muy
bien el decirlo, la última palabra en cuestión de hombres. De aquí el que, en
mi juventud,° los pocos hombres de setenta años con que yo tropezaba° no
se me hayan aparecido nunca como individuos de mi misma naturaleza, sino
más bien como raros ejemplares de una especie próxima a extinguirse y
completamente diferente de la mía.

　　¿Es que habían venido al mundo ya viejos y con barbas blancas? ¡Vaya
usted a saber!° Quizás sí. Quizás hubiesen venido así al mundo, aunque mucho
más pequeños, como es natural, y quizá hubiera sido de esa forma como las
niñeras° los habían llevado en brazos por el Retiro o por donde fuese. Nunca
me paré a considerar detenidamente estos detalles, pero yo creía firmemente
que los viejos habían sido viejos toda la vida y que los jóvenes no teníamos
absolutamente nada que ver con ellos.

　　Sin embargo, poco a poco, yo voy avanzando en edad y cuando más
distraído estoy, me encuentro convertido nada menos que en un septuagenario, palabra terrible tanto por su forma como por su contenido. Sí, señores.
Yo soy un septuagenario y, si las cosas continúan como hasta aquí, no
desespero de llegar a alcanzar un día las cimas° augustas del octogenariado,
donde ya me esperan, desde hace mucho, algunos amigos muy queridos. No
tengo barbas, porque los septuagenarios de ahora no se las dejan y yo no
quiero que se me tome por un septuagenario de los tiempos de Maricastaña,°
y tampoco tengo familia ni dinero. Lo único de que disfruto es de ciertos
privilegios como, por ejemplo, el que se me ceda° siempre el primer turno
ante una puerta giratoria° para que sea yo quien la empuje, y de algunos
achaques,° y digo que disfruto° de estos achaques porque, ¿qué sería de mí
sin ellos? ¿Qué sería del pobre señor que no está en edad ni dispone de medios
para hacer grandes comilonas o irse de juerga° por ahí si no tuviese un hígado°
o un riñon° que exigerían cuidados determinados y le ayudasen a estar en
casa las largas noches del invierno? ¡Hombres que os vais acercando a la
setentena y que notáis algún desarreglo en vuestras vísceras: dejad a estas tal
y como están, porque una vejez° con todas las vísceras en perfecto orden
tienen que ser una vejez tristísima!...

　　En fin, el caso es que yo acabo de cumplir lo que llamaré mis primeros
setenta años y que aquí me tienen ustedes aún. En la China podría ya, con

Acabo... _I have just
turned_

youth / **con...** _I
came in contact
with_

Vaya... _Who
knows?_
nannies

peaks

tiempos... _olden
times_

yield
puerta... _revolving
door_
old age symptom / _I
enjoy_
irse... _paint the
town red_ / _liver_
kidney

old age

perfecto derecho, ponerme la túnica amarilla de los ancianos, pero, ¿qué haría, yo, disfrazado° de canario, como aquel que dice, por las calles de este Madrid? Mejor será tal vez, próximos ya los grandes fríos, que vaya pensando en volver del revés° mi gabán° de invierno, ya que, de momento, no haya sastres° que puedan volverlo del revés a uno mismo para prolongar su duración una temporadita más...

disguised

volver... *to turn inside out / coat*
tailors

Díganos...

1. ¿Cuántos años acaba de cumplir el autor?
2. ¿Por qué está sorprendido?
3. Según Camba, ¿por qué viven tanto los hombres modernos?
4. ¿Qué pensaba Camba de los viejos cuando era joven?
5. ¿Qué es un septuagenario?
6. ¿Cuáles son los privilegios de los que disfruta el autor?
7. Si estuviera en la China, ¿qué podría ya hacer el autor?
8. Según el autor, ¿qué clase de sastre no hay todavía?

APÉNDICE LITERARIO

1. Algunas ideas fundamentales

Al analizar un texto literario se deben tener en cuenta dos objetivos principales:

1. precisar lo que dice el texto   (fondo)
2. examinar la forma en que el autor lo dice   (forma)

En el estudio de una obra literaria, fondo y forma deben considerarse como una unidad, ya que en toda obra artística ambos están íntimamente ligados.[1] Toda explicación, por lo tanto, debe establecer claramente la relación que existe entre estos dos elementos.

Para lograr este objetivo se debe leer atentamente el texto, asegurándose de que se comprende el significado de todas y cada una de las palabras dentro del contexto en que están presentadas.

Un texto literario puede ser una obra completa o un fragmento. Los principales géneros literarios son novela, teatro, cuento, ensayo y poesía.

Novela: Obra escrita en prosa, generalmente extensa, en la cual se describen sucesos y hechos que pueden ser tomados de la realidad o inventados. Hay diferentes tipos de novela: **policíaca** y **de aventuras,** en las que la acción es lo más importante; **histórica,** basada en hechos reales; **testimonial,** tipo de relato que presenta los hechos como vistos a través de una cámara fotográfica, como en el caso de *El Jarama,* de Rafael Sánchez Ferlosio; **sicológica,** donde lo importante es el análisis y la presentación de los problemas interiores de los personajes. Otro tipo de novela es la llamada **novela-río,** como muchas novelas contemporáneas, donde se presenta una multitud de personajes a través de cuyas acciones el autor nos da un panorama amplio de la sociedad en que viven. Un ejemplo de este último tipo es **La colmena,** de Camilo José Cela.

Al analizar una novela, se deben tener en cuenta los siguientes puntos:

1. Clasificación (tipo)
2. Temas y subtemas
3. Ambiente
4. Argumento (trama)
5. Personajes
6. Uso del diálogo
7. Desarrollo
8. Culminación (climax)
9. Desenlace
10. Atmósfera
11. Lenguaje
12. Punto de vista
13. Técnicas literarias

Teatro: Obra que se puede representar en un escenario mediante la acción y el diálogo. El diálogo puede estar escrito en verso o prosa. Generalmente está dividida en tres actos. Dentro de los actos puede haber una subdivisión de escenas. Hay diferentes tipos de obras teatrales: **tragedia,** obra que tiene un final terrible; **drama,** obra en la que el final es desdichado, pero es menos trágica que la anterior (por ej. *La mordaza,* de Alfonso Sastre), y **comedia,** obra más ligera que las anteriores, con un desenlace feliz.

Al analizar una obra de teatro, se deben tener en cuenta los siguientes puntos:

1. Clasificación
2. Temas y subtemas
3. Ambiente (escenificación)
4. Trama
5. Personajes
6. Desarrollo
7. Culminación
8. Desenlace
9. Lenguaje
10. Técnicas dramáticas

---

[1] joined together

Cuento: Narración de longitud variable, pero más corta que la novela. Generalmente desarrolla un solo tema central, y el número de personajes es limitado. El cuentista debe captar la atención del lector inmediatamente, dándole a la narración una intensidad y urgencia que no tiene la novela.

Al analizar un cuento, se deben considerar los siguientes aspectos:

1. Tema
2. Ambiente
3. Argumento
4. Personajes
5. Desarrollo
6. Culminación
7. Desenlace
8. Atmósfera
9. Lenguaje
10. Punto de vista
11. Técnica

Ensayo: Escrito original, donde el autor expresa su opinión personal sobre un tema determinado, y cuya lectura no requiere del lector conocimientos técnicos previos para interpretarlo. El tema puede ser artístico, literario, científico, filosófico, político, religioso, etc.

Al analizar un ensayo, se deben tener en cuenta estos puntos:

1. Clasificación
2. Temas y subtemas
3. Desarrollo de la idea central
4. Lenguaje
5. Propósito del autor

Poesía: Composición que generalmente se escribe en verso. Se diferencia de los otros géneros en que es más intenso y concentrado. El poeta quiere trasmitir sus experiencias y emociones personales y para ello se vale de recursos tales como imágenes, metáforas, símbolos, ritmo, etc. Los poemas se clasifican según el número de versos y la forma en que éstos se agrupan. Tenemos así sonetos, romances, odas, redondillas, etc. Según el tema, el poema puede ser amoroso, filosófico, social, etc.

Al analizar un poema, se deben estudiar los siguientes puntos:

1. Clasificación
2. Métrica
3. Rima (consonante, asonante)
4. Ritmo
5. Figuras poéticas (metáforas, símil, símbolos, imagen, etc.)
6. Tono
7. Lenguaje
8. Temas

2. Algunos términos literarios

acento: donde cae la mayor intensidad en una palabra o en un verso. El acento es muy importante en la poesía española. Al contar las sílabas de un verso, se debe recordar lo siguiente: si la última palabra se acentúa en la antepenúltima sílaba, se cuenta una sílaba menos; si se acentúa en la última, la sílaba acentuada vale por dos.[2]

---

[2] vale... counts as two

acto: división principal de un drama. Generalmente las obras teatrales[3] tienen tres actos.

alegoría: cuando en una narración o historia, los personajes[4] y los incidentes representan ideas abstractas, normalmente morales o éticas, en términos concretos. La alegoría hace uso principalmente de la metáfora y la personificación.

alejandrino: verso de catorce sílabas, dividido en dos hemistiquios de siete:

Me/dia/ba ⌣ el/mes/de/ju/lio. E/ra ⌣ un/her/mo/so/dí/a.

aliteración: repetición de las mismas vocales o consonantes en un mismo verso. Normalmente le da al poema un sonido musical:

un no sé **qué que que**da balbuciendo[5]

ambiente (*setting*): los elementos como el paisaje, lugar geográfico y social en que se desarrolla una historia.

anáfora: repetición de una palabra al comienzo[6] de cada verso o frase:

¡**Ya** viene el cortejo!
¡**Ya** viene el cortejo! **Ya** se oyen los claros clarines.

anticipación (*foreshadowing*): cuando el autor anticipa una pequeña insinuación de lo que va a pasar, sin revelar mucho, para dejar al lector en suspenso.

antítesis: consiste en contrastar una palabra, una frase o una idea a otra de significado opuesto:

Y los de Enrique
cantan, **repican**[7] y gritan:
«Viva Enrique»; y los de Pedro
clamorean, **doblan,**[8] lloran
su rey muerto.

asonancia: cuando son idénticas solamente las vocales a partir[9] de la última acentuada:

Del salón en el ángulo oscuro,
de su dueño tal vez olvid**ada**,
silenciosa y cubierta de polvo, veíase el **arpa**.

atmósfera: impresión general que nos da una obra al leerla, uniendo[10] todos los elementos de que se compone, como: tiempo, lugar, tema, personajes, etc. Según estos elementos, la obra puede ser de terror, cinismo, romántica, etc.

caricatura: representación exagerada de un personaje.

ciencia-ficción: narración en la que los hechos reales, los fantásticos y los imaginados pueden coexistir en el mismo plano.

consonancia: rima de vocales y consonantes de dos palabras, entre dos o más versos, a partir de la última vocal acentuada:

en la madreselva[11] **verde**...
el corazón se le **pierde**...

culminación (*climax*): punto de más intensidad en una obra. La acción llega a su momento culminante, y a partir de ahí, todos los problemas deben resolverse.

---

[3]**obras...** plays / [4]characters / [5]stammering / [6]beginning / [7]chime / [8]toll / [9]**a...** after / [10]joining / [11]honeysuckle

decasílabo: verso de diez sílabas:

a/pa/ga/ban/las/ver/des/es/tre/ llas

desarrollo (*development*): forma en que el autor va presentando los hechos[12] e incidentes que llevan al desenlace de la historia.

desenlace (*ending*): solución que da el autor a la acción de la obra. Este final puede ser de sorpresa, trágico o feliz.

diálogo: conversación entre los personajes de una novela, cuento o drama. El diálogo sirve como medio[13] para desarrollar la trama y la acción, o caracterizar a los personajes de la obra.

dodecasílabo: verso de doce sílabas:

que a/nun/cia en/la/no/che/del/al/ma u/na au/ro/ra[14]

encabalgamiento (*enjambment*): cuando el significado de una frase continúa en el verso siguiente y, por lo tanto, el final de un verso se enlaza[15] con el que sigue:

Yo voy soñando caminos
de la tarde. ¡Las colinas[16]

endecasílabo: verso de once sílabas:

¿Dón/de/vo/la/ron/¡ay!/a/que/llas/ho/ras

eneasílabo: verso de nueve sílabas:

Ju/ven/tud/di/vi/no/te/so/ro[17]

escena (*scene*): subdivisión que hace un autor dentro de los actos de un drama. Algunos escritores[18] modernos dividen sus dramas en escenas o episodios solamente.

estilo (*style*): modo en que un autor se expresa.

estribillo (*refrain*): palabras que se repiten al final[19] de cada verso o estrofa en algunos poemas:

Que bien sé yo la fuente que mana y corre,
aunque es de noche.
Aquella eterna fuente está escondida,
que bien sé yo dónde tiene su salida,
aunque es de noche.

estrofa (*stanza*): agrupación de un número de versos. El número de versos agrupados en estrofas puede variar en un mismo poema.

fábula (*fable*): obra alegórica de enseñanza[20] moral, en la que los personajes son generalmente animales representantes de hombres. Entre las fábulas más famosas están las de Esopo, La Fontaine, Samaniego e Iriarte.

forma: estructura de la obra.

género (*genre*): división de obras en grupos determinados, según su estilo o tema. En literatura se habla de tres géneros principales: poético, dramático y novelístico.

---

[12]happenings / [13]means / [14]dawn / [15]se... is linked / [16]hills / [17]tesoro... treasure / [18]writers / [19]al... at the end / [20]teaching

heptasílabo: verso de siete sílabas:

y/la/tar/de/tran/qui/la

hexasílabo: verso de seis sílabas:

En/las/ma/ña/ni/tas

hipérbaton: la alteración del orden natural que deben tener las palabras de una frase según las leyes[21] de la sintaxis:

Frase normal: Vi las madreselvas a la luz de la aurora.
Hipérbaton: A la luz vi las madreselvas de la aurora.

hipérbole: exageración de los rasgos[22] o cualidades de una persona o cosa para darles énfasis:

érase un hombre a una nariz pegado[23]

imagen: representación de una cosa determinada con detalles exactos y evocativos.

ironía: se produce cuando la realidad y la apariencia están en conflicto. Cuando una palabra o idea tiene un significado opuesto al que debe tener. Existen muchas clases de ironías: verbal, de acción, de situación y dramática.

lenguaje: estilo con el que el autor se expresa. Puede ser poético, científico o cotidiano.[24]

medida (*measure*): número y clase de sílabas que tiene un verso.

metáfora: manera de hablar en la que se comparan dos objetos, identificando uno con el otro. Por lo general, los objetos son completamente diferentes en naturaleza, pero tienen algún elemento en común. La comparación es puramente imaginativa:

La **antorcha**[25] eterna asoma por el horizonte (antorcha: sol)

métrica (*versification*): arte y ciencia que tratan de[26] la composición poética.

monólogo: parte de una obra en la que el personaje habla solo. Se llama **soliloquio** si el personaje se encuentra solo en escena.

monólogo interior (*stream of consciousness*): son las ideas que pasan por la mente[27] de un personaje en una novela, y son presentadas según van surgiendo[28] sin una secuencia ordenada.

moraleja: enseñanza moral que aparece al final de las fábulas.

narrador: el que cuenta la historia.

octosílabo: verso de ocho sílabas:

Por/el/mes/e/ra/de/ma/yo

oda: composición lírica de tono elevado, sobre diversos temas y métrica variada:

Templad mi lira, dádmela, que siento
en mi alma estremecida y agitada
arder la inspiración...

---

[21]rules / [22]features / [23]glued / [24]everyday / [25]torch / [26]**tratan...** deal with / [27]mind / [28]**segun...** as they come out

onomatopeya: recurso poético con el que el significado de una cosa se sugiere por el sonido[29] de la palabra que se usa. Esto puede ocurrir en una palabra sola, o en la combinación del sonido de varias palabras:

susurro,[30] tictac, zigzag, pluplú

pentasílabo: verso de cinco sílabas:

no/che/de/San/Juan

personaje (*character*): persona en una novela, un drama, cuento o poema. Hay muchas clases de personajes: principal, secundario, completo, plano,[31] símbolo y tipo.

personificación: especie de metáfora en la que se le atribuyen cualidades humanas a objetos o cosas inanimadas:

La luna llora en la noche.

protagonista: personaje principal de una obra. Normalmente es la persona que más cambia y alrededor de la cual gira[32] la acción central.

punto de vista (*point of view*): según quién sea el narrador de la obra, así es el punto de vista. Si el narrador es el autor, el cual puede ver todo lo que pasa, se le llama autor omnisciente. Si es un personaje, puede ser el «yo testigo»[33] o el «yo personaje». Según todo esto, el punto de vista puede resultar móvil o estático, microscópico o telescópico, universal o individual.

redondilla: estrofa de cuatro octosílabos de rima consonante *abba:*

Ya conozco tu ruin trato
y tus muchas trafacías,[34]
comes las buenas sandías[35]
y nos das liebre[36] por gato.

retrovisión (*flashback*): técnica cinematográfica usada por novelistas y dramaturgos.[37] A través de una serie de retrocesos al pasado, en una historia, el lector conoce los hechos que llevaron al momento presente.

rima: repetición de los mismos sonidos al final de dos o más versos, después de la última vocal acentuada. La rima puede ser asonante o consonante.

ritmo: sonido musical del lenguaje producido por acentos, pausas y repetición de ciertas consonantes:

noche que noche nochera

símil: comparación expresa de un objeto con otro para darle un sentido más vivo:

las gotas de agua como lágrimas del día

sinalefa: unión regular de la última vocal de una palabra con la primera de la palabra que sigue para formar una sílaba:

Di/cho/so[38] el/ár/bol/que es/a/pe/nas/sen/si/ti/vo

---

[29]sound / [30]whisper / [31]flat / [32]revolves / [33]witness / [34]falsehoods / [35]watermelons / [36]hare / [37]playwrights / [38]fortunate

subtema: en una obra, temas secundarios que pueden desarrollarse en contraste, separada o paralelamente a la acción principal.

tema: pensamiento[39] central de la obra.

tetrasílabo: verso de cuatro sílabas:

Vein/te/pre/sas

tipo: personaje en una obra que representa ciertos aspectos de una clase social, pero que no tiene individualidad.

trama/argumento (*plot*): plan de acción de una novela, un cuento o una obra teatral.

trisílabo: verso de tres sílabas:

la/rue/da

versificación: arte de hacer versos. Si los versos tienen un número determinado de sílabas, se llaman **métricos;** si no, **asimétricos.**

verso: grupo de palabras que componen una línea del poema:

Despertad, cantores
acaben los ecos,
empiecen las voces. (*tres versos*)

verso libre: verso que no se ajusta ni a rimas ni a medidas:

Hoy ya no soy aquella
muchacha
que calzaba sandalias de primavera

---

[39]thought

VOCABULARIO

A

a duras penas   with great difficulty
a lo mejor   maybe
a medida que   as
a mi costa   at my expense
a primera hora   early in the morning
a primera vista   at first sight
a punto de   about, on the verge of
a salvo   safe
a toda velocidad   at full speed
a través de   through
a voces   loudly
abalanzarse (sobre)   to throw oneself (on)
abanicar   to fan
abochornado (a)   overheated
abrazar   to hug, to embrace
abrumar   to oppress, to overwhelm
aburrimiento (m.)   boredom
aburrirse   to get bored
acabar de + infinitivo   to have just + infinitive
acaecer   to happen
acariciar   to caress
acaso   perhaps
aceituna (f.)   olive
acera (f.)   sidewalk
acercarse (a)   to approach, to go near
acontecimiento (m.)   event
acorralar   to corner
acudir   to come
achaque (m.)   indisposition, old age symptoms
adelante   in front
adivinar   to guess
advertencia (f.)   warning
advertir (e > ie)   to notice, to warn
afueras (f.)   outskirts
agacharse   to stoop
agitar   to wave
agradable   pleasant
agradecer   to thank
agregar   to add
aguacero (m.)   heavy shower
aguantarse   to resign oneself
aguardar   to wait (for)
agujereado(a)   full of holes
ahijado(a)   godson, goddaughter
ahogar   to choke
ahogarse   to drown

aislado(a)   isolated
aislar   to isolate
al alcance de   within reach of
al fin de cuentas   after all
ala (f.)   wing
alboroto (m.)   confused noise
alborozado(a)   exhilarated
alcalde (m.)   mayor
alcanzar   to reach, to obtain
alejarse   to get (move) away
aletargado(a)   lethargic
alforja (f.)   saddlebag
algodón (m.)   cotton
alistar(se)   to prepare, to get ready
alivio (m.)   relief
alma (f.)   soul
almendra (f.)   almond
alondra (f.)   lark
alumbrar   to light
amabilidad (f.)   kindness
amado(a)   beloved
amanecer (m.)   dawn
amante (m.,f.)   lover
amar   to love
amargar   to spoil,
amarrar   to join, to tie
amartillar   to cock (a gun)
amenazador(a)   threatening
amigablemente   in a friendly way
amistad (f.)   friendship
amonestar   to scold
amparo (m.)   protection, shelter
anciano(a)   old man (woman)
ándele   go on
angosto(a)   narrow
angustia (f.)   anguish
animar   to cheer up
ansiado(a)   longed for
ansiar   to long for
anterior   previous
antiguamente   in the old days
añadir   to add
añorar   to miss
apagar   to put out, to turn off
aparcar   to park
apartar   to push away
apearse   to get off, to dismount
apedrear   to stone

apellido (*m.*) surname
apenas barely
aplastado(a) dispirited, disheartened
aplastar to crush
aplazar to postpone
apoyarse to lean
apresuradamente rapidly, fast, in a hurry
apresurarse to hurry up
apretado(a) tiny, minute
apretar (e→ie) **el gatillo** to pull the trigger
aprovechar to take advantage of
apuesta (*f.*) bet
árbol (*m.*) tree
arboleda (*f.*) grove
arcano(a) secret
arco iris (*m.*) rainbow
arder to burn
ardiente burning
arduo(a) difficult
arena (*f.*) sand
argolla (*f.*) large ring
aromar to perfume
arrancar to start (*i.e., a car*), to pull out
arrastrar to drag
arrebato (*m.*) rage
arrepentirse (e→ie) to repent
arrimar to draw near
arrodillado(a) on one's knees
arrolar to run over
arroyo (*m.*) brook
arrugado(a) wrinkled
as (*m.*) ace
  —de espadas ace of spades
asco (*m.*) nausea
asentir (e→ie) to agree
asesinar to murder
así pues thus
asomar to show
asombrarse to be astonished
asombro (*m.*) amazement
aspaviento (*m.*) excessive emotion
áspero(a) rough
asunto (*m.*) business
asustadizo(a) fearful
asustado(a) frightened
asustar to frighten
atarearse to be busy
aterrador(a) terrifying

atesorar to treasure
atónito(a) astonished
atracar to hold up (*in order to rob*)
atrás back
atravesar to transfix
atreverse to dare
atropellar to run over
aturdido(a) stunned
audaz bold
automovilista (*m., f.*) car driver
auxilio (*m.*) help
avaro(a) stingy, miserly
avergonzado(a) ashamed, embarrased
ayuda (*f.*) help
Ayuntamiento (*m.*) City Hall
azahar (*m.*) orange blossom
azorado(a) anxious

B

baboso(a) drooling (*person*)
bajas casualties
bajeza (*f.*) meanness
balazo (*m.*) shot
bambolear to sway
banqueta (*f.*) stool
barca (*f.*) barge
barcaza (*f.*) small barge
barra (*f.*) **de rouge** lipstick
barranco (*m.*) ravine
barrer to sweep
barro (*m.*) mud
basta enough
bastar to be enough
bastón (*m.*) walking stick, cane
bata (*f.*) gown
beca (*f.*) scholarship
belleza (*f.*) beauty
bellota (*f.*) acorn
bendecir (*conj. like decir*) to bless
besar to kiss
bien cocinado well done
bienvenido(a) welcome
bobo(a) dumb, stupid
bocabajo face down
bocarriba face up
bocina (*f.*) horn

bolsillo (*m.*)   pocket
bonachón(ona)   kind, kindly
bondad (*f.*)   kindness
bondadoso(a)   kind
bordar   to embroider
bordear   to border, to verge
borronear   to scribble
boruca (*f.*)   noise
bostezo (*m.*)   yawn
botica (*f.*)   pharmacy
brasas (*f.*)   coal
bravata (*f.*)   bragging
brillar   to shine
brincar   to jump
brindar   to offer
brizna (*f.*)   particle, hunk
brotar   to come out
brote (*m.*)   shoot
bulla (*f.*)   noise
burla (*f.*)   mockery
buzón (*m.*)   mailbox

C

caballería (*f.*)   chivalry
caballero   knight, gentleman
cabello (*m.*)   hair
cacería (*f.*)   hunting party
cada cual   each one
caer de rodillas   to fall on one's knees
caer en gracia   to seem funny
caja (*f.*)   box
cajetilla (*f.*)   pack of cigarettes
cajón (*m.*)   drawer
calvo(a)   bald
calzada (*f.*)   street
callarse   to keep quiet
cambiante   changing
caminante (*m.*)   traveler, person who walks
camino (*m.*)   road
camino de   on one's way to
campana (*f.*)   bell
campanario (*m.*)   bell tower
campo (*m.*)   field
cana (*f.*)   white or gray hair
canalla (*m., f.*)   scoundrel
cansancio (*m.*)   tiredness
cantidad (*f.*)   quantity
caña (*f.*)   a glass of beer (*Spain*)

cañuela (*f.*)   fescue grass
capellán (*m.*)   chaplain
capricho (*m.*)   whim
capullo (*m.*)   blossom, tight buds
carácter (*m.*)   personality
cárcel (*f.*)   jail, prison
cargar   to load
cariño (*m.*)   affection, love
carmín   carmine (*color*)
carrera (*f.*)   career
carretera (*f.*)   highway
castigar   to punish
castigo (*m.*)   punishment
casualidad (*f.*)   coincidence
ceder   yield
ceja (*f.*)   eyebrow
celos (*m. pl.*)   jealousy
cerdo (*m.*)   pig
cerilla (*f.*)   match
cerro (*m.*)   hill
cesar (*m.*)   to stop
cetro (*m.*)   wand
ciego(a)   blind
cierto(a)   true
ciervo (*m.*)   deer
cigarrillo (*m.*)   cigarette
cima (*f.*)   peak, top
cintillo (*m.*)   hat band
cintura (*f.*)   waist
ciruelo (*m.*)   plum tree
citar   to make an appointment (with)
clave (*f.*)   clue
cobarde (*m., f.*)   coward
cobardía (*f.*)   cowardice
cocinar   to cook
coco (*m.*)   boogeyman
coger   to catch, to pick up, to take hold of
colador (*m.*)   strainer
coletazo (*m.*)   slash with the tail
colgar (o→ue)   to hang (up)
colmar   to fill
colmo (*m.*)   utmost, the limit
colocar(se)   to place (*oneself*)
comilón (ona)   glutton
como de costumbre   as usual
compadecer   to be sorry for, to pity
complacer   to please
componer   to fix
comportarse   to behave

comprender   to understand

comprobar (o→ue)   to test, to verify, to prove

comulgar   to take communion (*Catholic*)

conceder   to grant

concurso (*m.*)   contest

conde (*m.*)   count

conductor(a)   driver

conferencia (*f.*)   lecture

confiar en   to trust

consejo (*m.*)   advice

constar   to be evident

consultar con la almohada   to sleep on (*an idea or problem*)

contrario (a)   opposite, contrary

convertir(se) (e→ie)   to turn into

copa (*de un árbol*)   tree top

corazón (*m.*)   heart

corona (*f.*)   crown

cortejar   to court (*a woman*)

correrse   to move over

cosa (*f.*)   thing

cosecha (*f.*)   harvest

cosechar   to harvest

coser   to sew

costa (*f.*)   expense

costear   to pay one's way (*studies, travel, etc.*)

crecer   to grow

creciente   growing (adj.)

crepúsculo (*m.*)   twilight

creyente (*m.,f.*)   believer

crujido (*m.*)   creak

cruzar   to cross, to go across

cuaresma (*f.*)   lent

cuartel (*m.*)   barracks

cubierta (*f.*)   cover (*i.e., of a book*)

cuento (*m.*)   story

cuerda (*f.*)   string

cuero (*m.*)   leather

cuerpo (*m.*)   body

cuervo (*m.*)   raven

cuesta (*f.*)   hill

cuidado (*m.*)   care; be careful

cuidar   to take care of

culpable   guilty

cultivo   culture, cultivation, improvement

cumplimiento (*m.*)   realization

cumplir   to keep (*a promise*)

cuna (*f.*)   cradle, crib

cura (*m.*)   Catholic priest

curandero(a)   witch doctor, healer

curtido (*m.*)   tanned

custodiar   to guard

CH

chapa (*f.*)   license plate

charco (*m.*)   puddle

charretera (*f.*)   epaulet

chino(a)   Chinese

chistoso(a)   funny

chocar   to shock

chupar   to suck

D

dar   to give

—a   to face

—cuerda   to wind

—marcha atrás   to back up

—un paso   to take a step

—un salto   to jump

—vueltas   to go around

darle a uno la gana   to feel like

—rabia a uno   to make one angry

—vergüenza a uno   to feel ashamed

darse por vencido   to give up

de aquí en adelante   from now on

de bruces   on his face

de edad mediana   middle-aged

de guardia   on duty

de ningún modo   (in) no way

de ninguna manera   (in) no way

de nuevo   again

de pronto   suddenly

de rodillas   on one's knees

de un lado   on the one hand

de veras   really

debajo de   under, beneath

débil   weak

decaído(a)   depressed

defraudar   to disappoint

dejar en paz   to leave alone

deletrear   to spell

deletreo (*m.*)   spelling

delicadeza (*f.*)   gentleness, exquisiteness

delito (*m.*)   crime

demandar   to want, to ask for

demudado(a) changed
derrota (*f.*) defeat
desamparado(a) helpless
desbarrancar to go over a cliff
descansar to rest
descarga (*f.*) firing
descargar to unload
desconcertado(a) bewildered
desconfiar to distrust
desde luego of course
desdeñoso(a) disdainful
desdoblar to unfold
desencadenar to unchain
desengañarse not to deceive oneself
desenvolver (o→ue) to develop
deseo (*m.*) wish
desfalco (*m.*) embezzlement
desfallecer to faint
desfiladero (*m.*) canyon
desgracia (*f.*) misfortune
desgraciado(a) miserable, unfortunate
deshojado(a) without leaves
deshojar to strip off the leaves or petals
deshora (*f.*) unseasonable or inconvenient time
deslizarse to slide
desnudar(se) to undress
desnudo(a) naked
despacio slowly
despavorido(a) terrified
despedazado(a) torn to pieces
despedir (e→i) to throw out, to fire
despedir(se) to say goodbye, to see (someone) off
desperdiciar to waste
desplomarse to fall
despojos (*m.*) remains
desposar to marry, to be betrothed
despreciar to scorn
desprecio (*m.*) scorn
desvanecerse to vanish
detenerse to stop
diablo devil
diario(a) daily
dicha (*f.*) happiness
dichoso(a) happy, lucky
digno(a) worthy
Dios God
dirigir to address (*i.e., a letter*)
dirigirse a to walk toward
disfrazado(a) disguised

disfrutar to enjoy
disparar to shoot
disparate (*m.*) nonsense
disparo (*m.*) shot
dolorido(a) aching
doloroso(a) painful
dorado(a) golden
dormido(a) asleep
don (*m.*) gift
dote (*f.*) dowry
duelo (*m.*) mourning
dulcedumbre (*f.*) sweetness
dulcería (*f.*) bakery
dulzor (*m.*) sweetness
dulzura (*f.*) sweetness

E

ebrio(a) drunk, intoxicated
echar to pour out, to throw, to throw out
  —al correo to mail
  —el bofe to be out of breath
  —en el olvido to forget
  —mano de to grasp, take hold of
  —suertes to cast lots
editor(a) publisher
eje (*m.*) center
ejército (*m.*) army
embotellamiento (*m.*) **de tráfico** traffic jam
embriagado(a) drunk
embrutecer to brutalize
emocionado(a) touched
emocionante thrilling
empuñadura (*f.*) handle
en cambio on the other hand
en fin well, in short
en lugar de instead
en pie standing
en rededor round about
en torno around
en vano in vain
enamorado(a) de in love with
encadenar to chain
encaje (*m.*) lace
encalado(a) whitewashed
encanecer to grow gray-haired
encargarse (de) to take charge of
encarnado(a) red
encendido(a) bright (color); on (*i.e., an electrical appliance*)

encerrar (e→ei)   to lock up
encima (de)   on top of, above, on, over
encontrar (o→ue)   to find
enfermizo(a)   sickly
enfilado(a)   in a line (row)
engañar   to deceive
enjugar(se)   to wipe
ensangrentado(a)   bloody
ensoñadoramente   nostalgically
enterarse   to find out
enterrar   to bury
entierro (m.)   burial
entornar   to half-close
entrechocar   to clash, to collide with one another
entrometido(a)   meddler
envanecerse   to become vain
envejecer   to get old
equivocarse   to make a mistake, to be wrong
errabundo(a)   wandering
errar   to wander
es decir   that's to say
escarbar   to scratch
esclavo(a)   slave
esconder(se)   to hide
escritor(a)   writer
escritorio (m.)   office, desk
esfera (f.)   face, dial (of a clock)
esfuerzo (m.)   effort
esmalte (m.)   enamel
espada (f.)   sword
espanto (m.)   terror
esparadrapo (m.)   adhesive tape
especie (f.)   kind
esperanza (f.)   hope
esperar   to wait
estacionar   to park
estado (m.) de ánimo   mood
estampido (m.)   shot
estantería (f.)   shelves
estar de guardia   to be on duty
estar dispuesto(a) a   to be willing to
estar en paz   to be even
estar enamorado(a)   to be in love
estatura (f.)   height
estela (f.)   wake of a ship
estimar   to esteem
estratagema (f.)   plan, strategy
estrecho(a)   narrow
estrujar   to squeeze
etapa (f.)   period of time

evitar   to avoid
exactitud (f.)   accuracy
exhausto(a)   exhausted
exigir   demand
éxito (m.)   success
explicación (f.)   explanation
extender (e→ie)   to stretch
extenuado(a)   exhausted
extraño(a)   strange

F

fábrica (f.)   factory
fachada (f.)   facade
falta de   lack of
faltar   to be missing
fallecer   to die
fallido(a)   unfulfilled
fango (m.)   mud
fantasma (m.)   ghost
farol (m.)   lantern
fastidiar   to annoy
faz (f.)   face
fe (f.)   faith
felicidad (f.)   happiness
festejar   to applaud, to appear to enjoy, to celebrate
fiarse (de)   to trust
fichero (m.)   file cabinet
fijarse   to notice, to pay attention
fila (f.)   row
fin (m.)   end
final (m.)   end
fingir   to pretend
fino(a)   refined
fiscal   district attorney
flamante   brand new
flaquear   to lack strength
flor (f.)   flower
fondo (m.)   depth, bottom
forastero(a)   stranger
fósforo (m.)   match
frac (m.)   dress coat
fracasar   to fail
frenar   to brake
fresco(a)   fresh
frondoso(a)   leafy
fruncir el ceño   to frown
fuego (m.)   light, fire

fuerte strong
fuerza (*f.*) strength
fugaz fleeting
fulgor (*m.*) brilliance
fumar to smoke
fusil (*m.*) rifle
fusilamiento (*m.*) execution
fusilar to shoot, to execute

G

gajo (*m.*) branch
galantería (*f.*) gallantry
galo(a) Welsh
ganador(a) winner
garganta (*f.*) throat
gatillo (*m.*) trigger
gato(a) cat
gemido (*m.*) moan
gemir (*e→i*) to moan
género (*m.*) kind
germinal budding
gesto (*m.*) gesture
girar to revolve
giratorio(a) revolving
goce (*m.*) enjoyment, pleasure
golfa (*f.*) tramp (*Spain*)
golondrina (*f.*) swallow
golpe (*m.*) knock
gota (*f.*) drop
gozoso(a) joyful
gracioso(a) charming
granizo (*m.*) hail
greda (*f.*) crumbly soil
gritar to shout
grueso(a) thick, big
gruta (*f.*) cave
guerra (*f.*) war
guía (*f.*) guide
  —**de teléfonos** telephone book
guiño (*m.*) wink

H

hacer caso to pay attention
hacer daño to hurt
hacer de cuenta to pretend
hacer señas to signal
hacer un rodeo to go around

hacer una pregunta to ask a question
hacerse ilusiones to dream (*fig.*)
hacienda (*f.*) property
hada (*f.*) fairy
hallar to find
harto(a) fed up
hecho (*m.*) event, incident, fact
helado(a) icy
heredar to inherit
herido(a) wounded
herir to hurt, to wound
hermandad (*f.*) brotherhood
hermosura (*f.*) beauty
hervir (*e→ie*) to boil
herramienta (*f.*) tool
hiel (*f.*) gall
hielo (*m.*) ice
hierba (*f.*) herb, plant, grass
hierro (*m.*) iron
hígado (*m.*) liver
higuera (*f.*) fig tree
hilo (*m.*) linen
hoja (*f.*) sheet (*of paper*), leaf
hombro (*m.*) shoulder
hondo(a) deep
hormiguero (*m.*) anthill
horno (*m.*) oven
huelga (*f.*) strike
huella (*f.*) track
huerta (*f.*) orchard
huerto (*m.*) orchard
hueso (*m.*) pit (*i.e., of an olive*), bone
huir to run away
humo (*m.*) smoke
hundir to sink

I

importarle un bledo a uno not to care in the least
improcedente inappropriate
inadvertido(a) unseen, unnoticed
inalcanzable unreachable
inconexo(a) unconnected, incoherent
inconfundible unmistakable
incorporarse to sit up
inesperadamente unexpectedly
infierno (*m.*) hell
infortunio (*m.*) misfortune

ingenuamente naively
ingrato(a) ungrateful
inhabilitar to disqualify
injusto(a) unfair
inmerecido(a) underserved
inofensivo(a) harmless
inolvidable unforgettable
inquieto(a) worried, restless
intentar to try, to attempt
inútil useless
invitado(a) guest

J

jaba (*f.*) bag
jaca (*f.*) nag
jactarse to brag
jadear to pant
jarro (*m.*) earthen jug
jaula (*f.*) cage
jinete (*m., f.*) rider
joroba (*f.*) hump
joya (*f.*) jewell
juez (*f., m.*) judge
junto a next to
jurar to swear
juventud (*f.*) youth

L

ladrar to bark
ladrido (*m.*) barking
ladrón (ona) burglar, thief
lagartija (*f.*) lizard
lágrima (*f.*) tear
lana (*f.*) wool
lanzarse to rush (*upon*)
latir to beat
leal loyal
lealtad (*f.*) loyalty
lectura (*f.*) reading
lecho (*m.*) bed
legar to bequeath
legua (*f.*) league
lejano(a) far away
lentitud (*f.*) sluggishness
letra (*f.*) handwriting
leve light, slight
levita (*f.*) frock coat

libra (*f.*) pound
librar to deliver, to free
ligero(a) light
limosna (*f.*) alms
limosnero(a) beggar
linterna (*f.*) lantern, flashlight
lobo (*m.*) wolf
lograr to manage, to attain
lona (*f.*) canvas
lozanía (*f.*) freshness, youth
lúgubre lugubrious
luna (*f.*) moon
lunar (*m.*) mole

LL

llamear to flame
llano (*m.*) plain
llanto (*m.*) crying, weeping
llorar to cry, to weep
lloriquear to whine

M

madreselva (*f.*) honeysuckle
madrugada (*f.*) dawn
madurez (*f.*) maturity
maduro(a) mature, ripe
mal (*m.*) evil
maldecir to curse (*conj. like* **decir**)
maldición (*f.*) curse
maldito(a) damned
manantial (*m.*) spring
manar to spring
manchado(a) stained
manchar to stain
manecilla hand (*in a clock*)
manejarse to handle oneself, to manage
manga (*f.*) sleeve
manía (*f.*) bad habit, habit
manicomio (*m.*) insane asylum
marcharse to leave, to go away
marchito(a) withered
marearse to get dizzy
margarita (*f.*) daisy
marido (*m.*) husband
marinero (*m.*) sailor
mas but
mata (*f.*) plant

matar   to kill
matrimonio (*m.*)   married couple, marriage
mazorca (*f.*)   ear of corn
mechón (*m.*)   tuft (*of hair*)
media (*f.*)   stocking
medida (*f.*)   measure
mejilla (*f.*)   cheek
mejorar   to improve
mensaje (*m.*)   message
mentira (*f.*)   lie
merecer   to deserve
—**la pena**   to be worthwhile
mezquino(a)   petty
miedo (*m.*)   fear
miel (*f.*)   honey
mientras tanto   in the meantime
miga (*f.*)   crumb
milagroso(a)   miraculous
mimo (*m.*)   pampering
miope   myopic
mirada (*f.*)   glance, look, stare
mirar fijamente   to stare
modo (*m.*)   way
mohín (*m.*)   gesture
mojado(a)   wet
mojarse   to get wet
molino (*m.*)   mill
moneda (*f.*)   coin
mono(a) (adj). cute
morcilla (*f.*)   blood sausage
morder (o→ue)   to bite
moribundo(a)   dying
mosca (*f.*)   fly
mostrador (*m.*)   counter
moza (*f.*)   girl
mudo(a)   mute
muerto(a)   dead (person)
mujer   woman, wife
multitud (*f.*)   crowd
mustio(a)   parched

N

nacer   to be born
nacimiento (*m.*)   birth
naipe (*m.*)   card (*playing*)
nalgas (*f.*)   buttocks
nave (*f.*)   ship
—**espacial**   spaceship

necio(a)   fool, stupid
negar (e→ie)   to refuse, to deny
ni siquiera   not even
nido (*m.*)   nest
niñera (*f.*)   nanny
niñez (*f.*)   childhood
novedad (*f.*)   news
nube (*f.*)   cloud
nuca (*f.*)   nape of the neck
nudillo (*m.*)   knuckle
nudo (*m.*)   knot

O

obrero(a)   worker
ocaso (*m.*)   setting sun
oculto(a)   hidden
odiar   to hate
odio (*m.*)   hatred, hate
ola (*f.*)   wave
oleaje (*m.*)   succession of waves
olor (*m.*)   smell
olvido (*m.*)   forgetfulness
olla (*f.*)   pot
onda (*f.*)   wave
opinar   to give an opinion
oprimir   to oppress
oración (*f.*)   prayer
orar   to pray
orgullo (*m.*) pride
orilla (*f.*)   border, edge
oscurecer (*m.*)   dusk
oscurecer   to get dark
oscuridad (*f.*)   darkness
oscuro(a)   dark

P

padecer   to suffer
pájaro (*m.*)   bird
palidecer   to become pale
palmada (*f.*)   slap
pamplina (*f.*)   nonsense
pantorilla (*f.*)   calf (*of the leg*)
pañuelo (*m.*)   handkerchief
Papa   Pope
papel (*m.*)   role
parado(a)   standing still

parar to stop
parecer to seem, to look like
pareja (*f.*) couple
pariente (*m., f.*) relative
parpadear to blink
párpado (*m.*) eyelid
partir to depart, to leave
parto (*m.*) delivery (*of a baby*)
parroquia (*f.*) parish
pasar to come in, to pass, to happen
 —**la aspiradora** to vacuum
 —**hambre** to go hungry
pasas (*f.*) raisins
pasear to go for a walk
pasearse to pace
paso (*m.*) entrance, step
pastelería (*f.*) bakery
pastilla (*f.*) pill
pastor(a) shepherd
pato (*m.*) duck
paz (*f.*) peace
pecado (*m.*) sin
pecar to sin
pechos (*m.*) breasts
pedazo (*m.*) piece
pedido (*m.*) request
pegajoso(a) sticky
pegar to glue, to hit, to beat
pegarse un tiro to shoot oneself
peligro (*m.*) danger
peludo(a) hairy
pena (*f.*) grief
pensamiento (*m.*) thought
perder (e→ie) to lose, to miss (*i.e., a train*)
 —**el tiempo** to waste time
perdonar to forgive
peregrino(a) pilgrim
perenne perpetual
pérfido(a) evil
persiana (*f.*) slatted shutter, venetian blind
pertenecer to belong
perturbador(a) disturbing
pesadilla (*f.*) nightmare
pesadumbre (*f.*) grief
pesar to weigh
pescador fisherman
peso (*m.*) weight
petaca (*f.*) tobacco pouch
piedad (*f.*) pity
piedra (*f.*) stone

pileta (*f.*) swimming pool (Argentina)
pinchazo (*m.*) shot, injection
pintor(a) painter
pisar to step, to walk on
pitar to honk
placer (*m.*) pleasure
platicar to talk
plenitud (*f.*) fullness
pluma (*f.*) feather
poblar (o→ue) to populate
poderoso(a) powerful
polvareda (*f.*) cloud of dust
polvo (*m.*) dust
pólvora (*f.*) gunpowder
polvoriento(a) dusty
pompa (*f.*) grandeur
ponerse a + infinitivo to start doing
 (something)
 —**colorado(a)** to blush
 —**en marcha** to start walking, going
 —**encarnado(a)** to blush
 —**rojo(a)** to blush
por lo tanto so, therefore
por lo visto apparently
por más que even if
por poco almost
pormenores (*m.*) details
portal (*m.*) entry
portarse to behave
pozo (*m.*) well
prado (*m.*) meadow
premio (*m.*) prize
presentarse to introduce yourself
presión (*f.*) pressure
preso(a) imprisoned
prever to anticipate
procurar to try
prometer to promise
propio(a) own
proporcionar to supply
prueba (*f.*) proof
pudor (*m.*) modesty
pueblo (*m.*) town
pueblo natal (*m.*) hometown
puente (*m.*) bridge
puerto (*m.*) port
pulmón (*m.*) lung
punta (*f.*) point
puñado (*m.*) handful
pureza (*f.*) purity

Q

¡qué diablo! what the heck!
quedar en to agree on
quedarse to remain, to stay
  —callado(a) to remain silent
  —con to keep
queja (f.) complaint
quemar to burn
quicio (m.) door jam
quieto(a) still
quinqué (m.) oil lamp
quinta (f.) ranch
quitar el sueño to keep awake
quizás perhaps

R

rabia (f.) rage, fury
rabioso(a) furious
raíz (f.) root
rama (f.) branch
raptor(a) kidnapper
raro(a) strange, rare
rasgar to tear
rastro (m.) track
recado (m.) message
recién recently, lately
reconocer to examine, to recognize
recorrer to travel
recostarse (o→ue) to lean, to lie down
recto(a) straight
recuerdo (m.) memory, souvenir
rechazar to reject, to push away
redactar to write, to draw up
rededor around
redondo(a) round
regañar to scold
regazo (m.) lap
regla (f.) rule
reír(se) to laugh
reja (f.) iron grate
relato (m.) story
rendirse (e→i) to surrender
renunciar to give up
repicar to ring (a bell)
resorte (m.) spring
respirar to breathe
retrato (m.) portrait

reventar (e→ie) to burst
revés (m.) back
revuelo (m.) flying to and from
rezar to pray
rincón (m.) corner (i.e., in a room)
riñón (m.) kidney
risa (f.) laugh
rocío (m.) dew
rodar (o→ue) to wander around
rodear to surround
ronco(a) hoarse
rostro (m.) face
rótulo (m.) label
rouge (m.) lipstick
rozar to rub
rudo(a) coarse, crude
ruido (m.) noise
rumbo (m.) direction

S

sábana (f.) sheet
sabiduría (f.) wisdom
sablazo (m.) blow from a saber
sabor (m.) flavor
saborear to flavor
saco (m.) coat
salina (f.) salt marsh
saltar to jump (over), to leap (over)
salto (m.) leap, jump
salud (f.) health
salvaje wild
sanseacabó that's it
sartén (m.) frying pan
sastre (m.) tailor
seco(a) dry
sello (m.) stamp
semáforo (m.) traffic light
sembrar (e→ie) to sow
semejante such (a), (n.) fellow being
senda (f.) path
sendero (m.) path
seno (m.) depth (fig.)
sentimiento (m.) feeling
seña (f.) mark, sign
señalar to point
Señor Lord
sepulcro (m.) tomb

sepultar to bury
ser (*m.*) being
—**humano** (*m.*) human being
sereno (*m.*) night watch
siervo(a) slave
simpatía (*f.*) charm
sin apuro unhurriedly
—**cesar** without stopping
—**etiqueta** without formalities
—**falta** without fail
—**ganas** unwillingly
—**sentido** unconscious
sindicato (*m.*) union
soberbia (*f.*) haughtiness
sobrar to be over and above
sobre (*m.*) envelope
sobresaltarse to jump
sobrevivir to survive
¡socorro! help!
soledad (*f.*) loneliness
soltar to let go
soltero(a) single
sollozar to sob
sollozo (*m.*) sob, sobbing
sombra (*f.*) shadow
sombrío(a) dark, gloomy
sonido (*m.*) sound
sonreír to smile
sonrisa (*f.*) smile
soñar (o→ue) to dream
soñoliento(a) sleepy
soplar to blow
soportable bearable
sorbo (*m.*) sip
sordo(a) deaf
sospecha (*f.*) suspicion
suavidad (*f.*) softness, tenderness
súbitamente suddenly
suceder to happen
suceso (*m.*) happening, event
sudor (*m.*) perspiration, sweat
sudoroso(a) sweaty
sueco(a) Swedish
suelo (*m.*) ground
suelto (*m.*) newspaper clipping
sueño (*m.*) dream
suerte (*f.*) destiny, luck, fate
sujetar to hold (*down*)
surco (*m.*) furrow

suspender to stop
suspicaz distrustful
susto (*m.*) fright

T

taco (*m.*) heel (*of a shoe*)
taller (*m.*) workshop
tambor (*m.*) drum
tapa (*f.*) lid
tapar(se) to cover (*oneself*)
tapia (*f.*) wall
tardanza (*f.*) delay
tarima (*f.*) stage
tartamudear to stutter
tazón (*m.*) bowl, large cup
tejido (*m.*) textile
tela (*f.*) canvas, fabric
temeroso(a) fearful
temor (*m.*) fear
tener ganas de to feel like
tener la sartén por el mango to have the upper hand
tentador(a) tempting
tentar (e→ie) to tempt
terco(a) stubborn
ternura (*f.*) tenderness
terreno (*m.*) land
tesoro (*m.*) treasure
tierra (*f.*) earth
timbre (*m.*) stamp (*Mex.*)
tinieblas (*f.*) darkness
tinta (*f.*) ink
tío guy (*Spain*)
tiovivo (*m.*) merry-go-round (*Spain*)
tiro (*m.*) shot
tirón (*m.*) pull
titubear to hesitate
tocar la bocina to honk
tocino (*m.*) bacon
tomar una copa to have a drink
tomar una decisión to make a decision
torcer to twist
torcido(a) crooked
tormenta (*f.*) storm
torpeza (*f.*) stupidity
torre (*f.*) tower
toser to cough

tragar   to swallow
trago (*m.*)   drink, draught (*of liquor*)
traición (*f.*)   treason
trajín (*m.*)   going to and fro
tramar   to plot
tranquilo(a)   calm, peaceful
tranvía (*m.*)   streetcar
trazo (*m.*)   outline
trenza (*f.*)   braid
treta (*f.*)   trick
triste   sad
tristeza (*f.*)   sadness
tronchar   to cut off
tropezar (e→ie)   to trip, to come across or upon
trueque (*m.*)   exchange
tuerto(a)   one-eyed
tumba (*f.*)   tomb, grave
tumbarse   to lie down
tupido(a)   thick
turbio(a)   muddy

U

ultraje (*m.*)   abuse, insult
unir   to join, to unite
unos(as) cuantos (as) a few
uña (*f.*)   fingernail

V

vacilar   to doubt
vagar   to wander, roam
vagón (*m.*)   car (*railroad*)
vaina (*f.*)   pod
valer la pena   to be worthwhile
valeroso(a)   brave
valor (*m.*)   value
vecino(a)   neighbor
vejez (*f.*)   old age
velocidad (*f.*)   speed
velorio (*m.*)   wake
vena (*f.*)   vein

vendedor(a)   salesman, saleswoman
veneno (*m.*)   poison
venganza (*f.*)   revenge
vengar   to avenge
vengarse (de)   to take revenge
ventura (*f.*)   happiness
verdugo   executioner
vergüenza (*f.*)   shame
verja (*f.*)   iron gate
verosímil   believable
verter (e→ie)   to shed (*i.e., tears*)
vía (*f.*)   track
vid (*f.*)   vine
vida (*f.*)   life
vientre (*m.*)   belly
vigilar   to watch
vínculo (*m.*)   tie, bond
vislumbrar   to imagine
víspera (*f.*)   eve
viuda   widow
viudo   widower
vivo(a)   alive
vívora (*f.*)   snake
volante (*m.*)   steering wheel
voluntad (*f.*)   will
volver del revés   to reverse, turn around the other way
volverse (o→ue)   to turn around
volverse loco(a)   to go crazy
voz (*f.*)   voice
vuelto(a)   back

Y

yerno   son-in-law
yeso (*m.*)   cast

Z

zaguán (*m.*)   entrance (*of a house*)
zumbar   to buzz, to hum